マンション改修モデル事例集Ⅲ

CONTENTS

積算資料／ポケット版 シリーズ

共用部分修繕の工事単価

積算資料ポケット版 マンション修繕編 2021/2022

■2021年10月発刊

建築工事研究会 編
■A5判 364頁
■定価 2,934円（本体2,667円＋税）

マンション共用部分修繕に関する工事単価について、長期修繕計画標準様式の修繕工事項目に基づき掲載。特集は「長期修繕計画作成ガイドライン・同コメント」及び「マンションの修繕積立金に関するガイドライン」の改訂概要について紹介。見積り実例では、大規模修繕、給排水設備、連結送水管更新の合計3事例を掲載。

積算資料ポケット版 マンション修繕編別冊

マンション改修モデル事例集Ⅱ

経済調査会 編集
■A4判変型 128頁
■定価 1,210円（本体1,100円＋税）

高経年マンションを再生させるための“改修”について検討を行っている管理組合向けに、進め方とポイントをこれまでに実施された事例を交えてわかりやすく紹介

積算資料ポケット版 マンション修繕編別冊

マンション建替えモデル事例集Ⅱ

経済調査会 編集
■A4判変型 132頁
■定価 1,210円（本体1,100円＋税）

高経年マンションを再生させるための“建替え”を検討中の方々へ、成功に導くための進め方とポイントをこれまでに実施された事例を交えてわかりやすく紹介

積算資料ポケット版 マンション修繕編別冊

マンション給排水モデル事例集

経済調査会 編集
■A4判変型 128頁
■定価 1,210円（本体1,100円＋税）

マンションを長持ちさせるための給排水設備の改修方法について、これまで実施された事例を交えてわかりやすく紹介

積算資料ポケット版 マンション修繕編別冊

マンション地震対策モデル事例集

経済調査会 編集
■A4判変型 84頁
■定価 998円（本体907円＋税）

すでに地震対策に取り組んでいる、またはこれから本格的に地震対策への取り組みを検討しているマンション管理組合の方々に、実際に地震対策を行ったマンションの事例を解説付きでわかりやすく紹介

巻頭企画

マンションの管理の適正化の推進に関する法律の一部改正（法の施行に向けた動き）およびマンション標準管理規約の改正について

国土交通省　住宅局　参事官（マンション・賃貸住宅担当）付

はじめに

　マンションの管理や建替え等については、これまでも管理の適正化や再生の円滑化に向けて法制上の措置をはじめとしたさまざまな施策を講じてきましたが、わが国におけるマンション※1のストック数は約675万戸（令和2年末時点）に上り、1，500万人超という国民の1割超が居住するだけでなく、全国に広く分布し、中でも1都3県（東京都、神奈川県、埼玉県、千葉県）に半数強が集中するなど、都市部等を中心になくてはならない重要な居住形態となっています（**図1**）。

　一方で、今後、築40年超のマンション※2は、現在の約103万戸から10年後には約2・2倍の約232万戸、20年後には約3・9倍の約405万戸と、建設後相当の期間が経過したマンション（高経年マンション）が急増することが見込まれています（**図2**）。

　また、全国のマンションストックの約3分の1を占める団地型マンション※3についても、今後高経年化がさらに進展していくことが見込まれています。このような中、マンションの建替えの実績は263件（令和3年4月時点）となっているところです（**6頁図3**）。

※1　おおむね、2以上の区分所有者が存する建物で人の居住の用に供する専有部分のあるもの。
※2　平成30年度マンション総合調査によると、築40年程度を経過すると、外壁等の剥落や給排水管の老朽化による漏水等が増える傾向にある。
※3　おおむね、同一共有敷地内に建てられている2棟以上のマンション群。

　このままマンションストックの高経年化が進んでいけば、マンションの管理については、区分所有者の高齢化や非居住化（賃貸・空き住戸化）の進行に伴って管理組合の担い手が不足し、総会の運営や決議、維持修繕に必要な修繕積立金の確保が困難となり、建物・設備の老朽化が一層進行する等の課題が生じるおそれがあります。

　しかしながら、区分所有者の多くは、マンションの建替え等や管理に必要な法律・技術上の専門的知識や経験を必ずしも有しておらず、管理組合による自主的な取組みに委ねるだけでは、必ずしも適正な対応が期待できないと考えられます。また、マンションが適切に維持管理されない場合、戸建て住宅に比べ、その規模ゆえに周辺の居住環境に与える影響が大きく、外壁の剥落など看過できないほどの外部不経済を発生させるような状況に至ったマンションストックが形成された場合には、行政代執行による対応など膨大な財政負担等が発生することが懸念されます。

　このような問題認識のもと、マ

- 現在のマンションストック総数は、約675.3万戸（令和２年末時点）。
- これに平成27年国勢調査による１世帯当たり平均人員2.33を掛けると約1,574万人となり、国民の１割超が居住している推計となる。

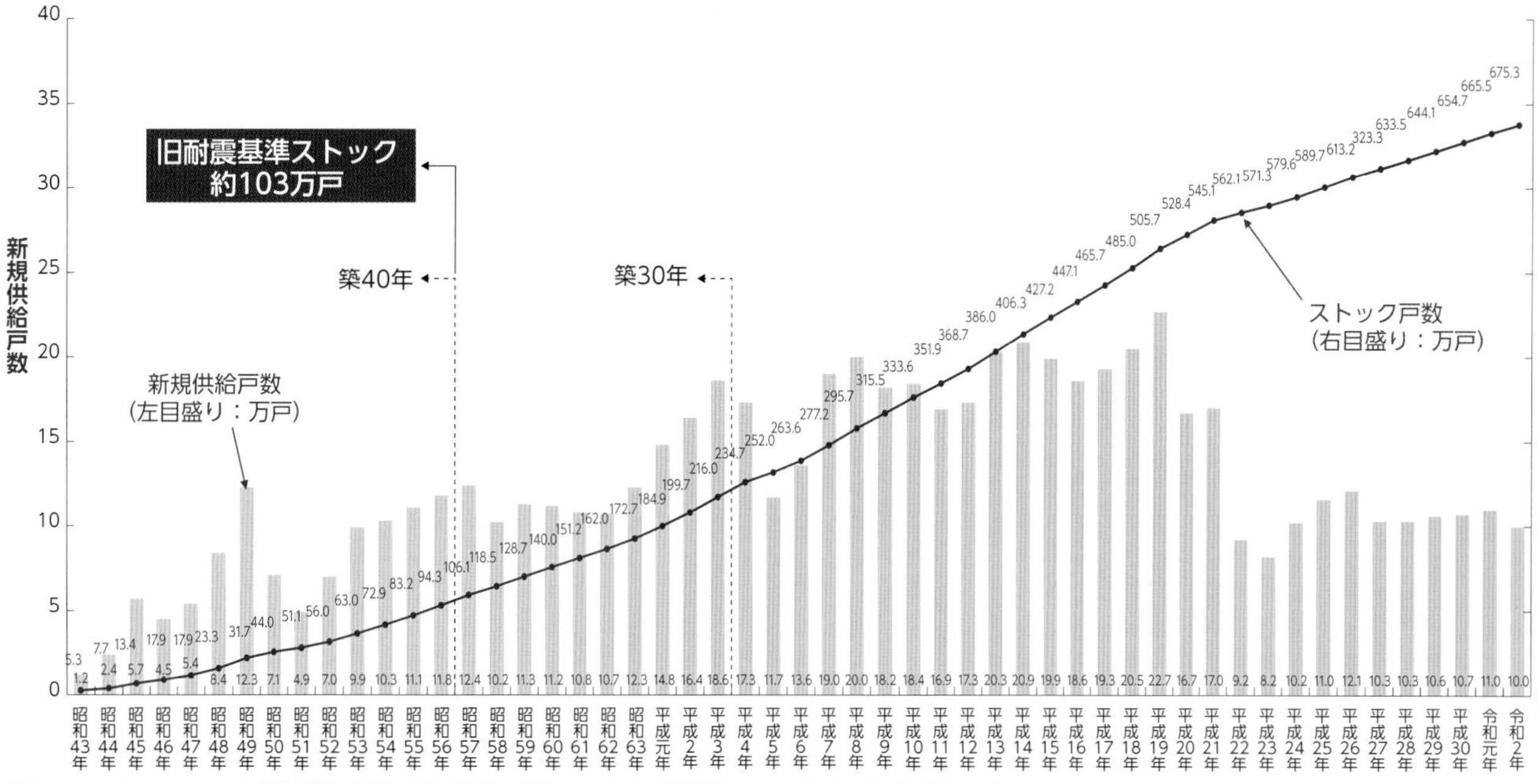

【注】1．ここでのマンションは、中高層（３階建て以上）・分譲・共同建で、鉄筋コンクリート、鉄骨鉄筋コンクリートまたは鉄骨造の住宅をいう。
2．新規供給戸数は、建築着工統計等を基に推計。ストック戸数は、新規供給戸数の累積等を基に各年末時点の戸数を推計した。
3．昭和43年以前の分譲マンションの戸数は、国土交通省が把握している公団・公社住宅の戸数を基に推計した。

図１　わが国の住宅ストック

- 築40年超のマンションは現在103.3万戸（マンションストック総数の約15％）。
- 10年後には約2.2倍の231.9万戸、20年後には約3.9倍の404.6万戸となる見込み。

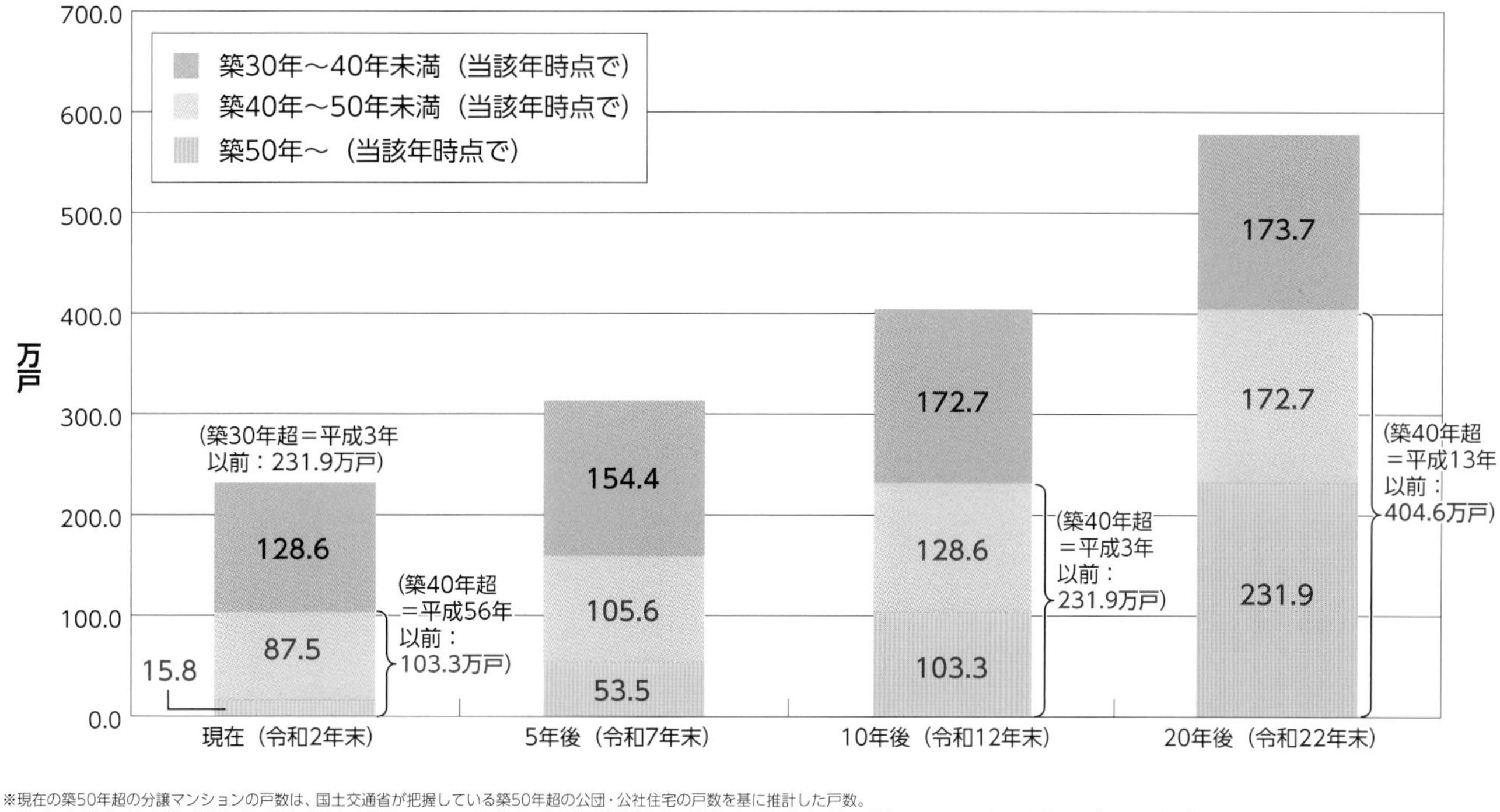

※現在の築50年超の分譲マンションの戸数は、国土交通省が把握している築50年超の公団・公社住宅の戸数を基に推計した戸数。
※5年後、10年後、20年後に築30、40、50年超となる分譲マンションの戸数は、建築着工統計等を基に推計した令和2年末時点の分譲マンションストック戸数および国土交通省が把握している除却戸数を基に推計したもの。

図２　高経年マンションストックの増加

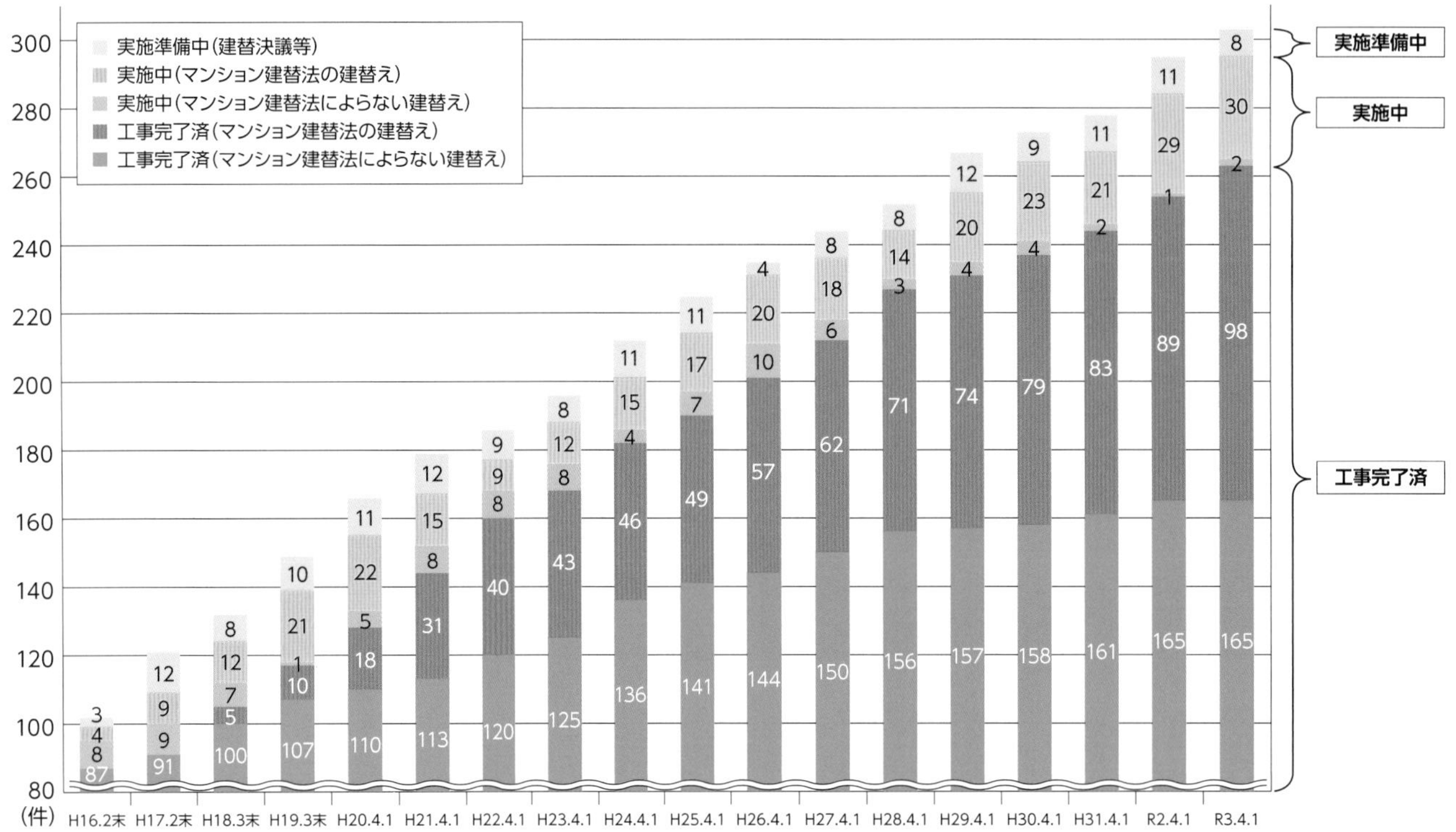

※国土交通省調査による建替え実績および地方公共団体に対する建替えの相談等の件数を集計
※阪神・淡路大震災、東日本大震災および熊本地震による被災マンションの建替え（計114件）は含まない
※過年度の実績は今回の調査により新たに判明した件数も含む
※上記の他、マンション敷地売却事業に基づく買受計画の認定を受けたものは14件、うちマンションの除却に至ったものは3件ある。

図3　マンション建替えの実施状況（令和3年4月1日現在）

ンションの管理の適正化や再生の円滑化に向けた取り組みの強化等、ストック活用の時代における新たなマンション政策のあり方を検討し、昨年（令和2年）6月にマンションの管理の適正化に関する法律（平成12年法律第149号。以下「マンション管理適正化法」という）の一部改正が行われたところです（**図4**）。

マンションの管理の適正化に関する法律の一部改正（法の施行に向けた動き）について

基本方針の制定

改正法では、国においてマンション管理の適正化を促進する観点から、地方公共団体等の役割を明確化し、適正化の推進に関する基本的な事項や目標について、基本方針を定めることとされています。主な記載内容は以下の通りです。

①マンションの管理の適正化の推進に関する基本的な事項

管理組合、国、地方公共団体、マンション管理士、マンション管理業者等の関係者について、それぞれの役割を記載するとともに、相互に連携してマンションの管理適正化の推進に取り組む必要があることを記載。

②マンションの管理の適正化に関する目標の設定に関する事項

地方公共団体は、国の目標を参考にしつつ、区域内のマンションの状況を把握し、実情に応じた適切な目標を設定することが望ましいことを記載。

③管理組合によるマンションの管理の適正化の推進に関する基本的な指針（マンション管理適正化指針）に関する事項

マンションの管理の適正化のために管理組合および区分所有者等が留意すべき事項等を記載するとともに、地方公共団体が助言、指導等を行う場合の判断基準の目安および管理計画の認定基準を記載。

④マンションがその建設後相当の期間が経過した場合その他の場合において当該マンションの建替えその他の措置に向けたマンションの区分所有者等の合意形成の促進に関する事項

建設後相当の期間が経過したマ

背景・必要性

◆築40年超のマンションは現在の103万戸から10年後には約2.2倍の232万戸、20年後には約3.9倍の405万戸となるなど、今後、老朽化や管理組合の担い手不足が顕著な高経年マンションが急増する見込み

◆老朽化を抑制し、周辺への危害等を防止するための維持管理の適正化や老朽化が進み維持修繕等が困難なマンションの再生に向けた取り組みの強化が喫緊の課題

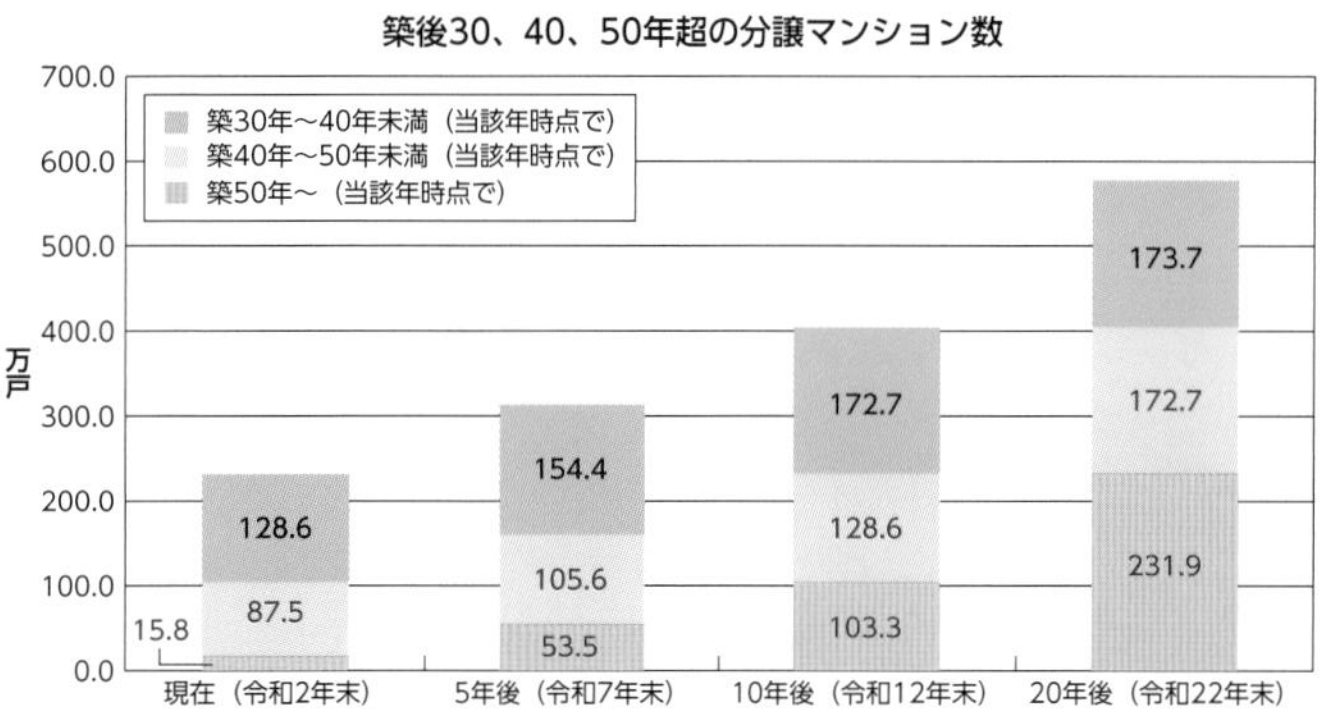

法律の概要

【令和２年６月16日成立、６月24日公布】

マンション管理適正化法の改正

マンション管理の適正化の推進

①②：令和４年４月１日施行

①国による基本方針の策定【公布後２年以内施行】

国土交通大臣は、マンションの管理の適正化の推進を図るための基本的な方針を策定

②地方公共団体によるマンション管理適正化の推進【公布後２年以内施行】

地方公共団体※による以下の措置を講じる　※事務主体は市・区（市・区以外は都道府県）

- **マンション管理適正化推進計画制度**…基本方針に基づき、管理の適正化の推進を図るための施策に関する事項等を定める計画を作成（任意）
- **管理計画認定制度**…マンション管理適正化推進計画を作成した地方公共団体は適切な管理計画を有するマンションを認定
- **管理適正化のための指導・助言等**…管理の適正化のために、必要に応じて、管理組合に対して指導・助言等

マンション建替円滑化法の改正

マンションの再生の円滑化の推進

①：令和３年12月20日施行
②：令和４年４月１日施行

①除却の必要性に係る認定対象の拡充【公布後１年６カ月以内施行】

除却の必要性に係る認定対象に、現行の耐震性不足のものに加え、以下を追加

1)**外壁の剥落等により危害を生ずるおそれがあるマンション等**

- 4/5以上の同意によりマンション敷地売却を可能に
- 建替時の容積率特例

2)**バリアフリー性能が確保されていないマンション等**

- 建替時の容積率特例

（建物の傷みが著しく外壁の剥落等が生じた事例）

②団地における敷地分割制度の創設
【公布後２年以内施行】

上記1)等の要除却認定を受けた老朽化マンションを含む団地において、敷地共有者の4/5以上の同意によりマンション敷地の分割を可能とする制度を創設

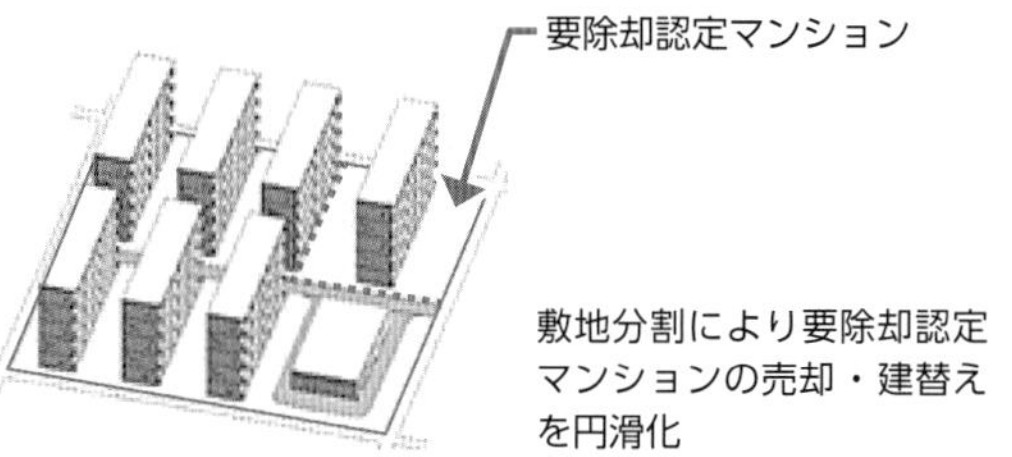

図4　マンションの管理の適正化の推進に関する法律およびマンションの建替え等の円滑化に関する法律の一部を改正する法律の概要

ンションについて、修繕等のほか、要除却認定に係る容積率特例等を活用した建替等を含め、どのような措置をとるべきかを区分所有者と調整して合意形成を図ることが重要であることを記載。

⑤マンションの管理の適正化に関する啓発及び知識の普及に関する基本的な事項

国、地方公共団体、マンション管理適正化推進センター、マンション管理士等は相互に連携し、ネットワークを整備するとともに、管理組合等に対する必要な情報提供及び相談体制の構築等を行う必要があることを記載。

⑥マンション管理適正化推進計画の策定に関する基本的な事項

地方公共団体においては、地域の実情を踏まえた上で関係団体等と連携しつつマンション管理適正化推進計画を策定することが望ましいことを記載し、同計画策定にあたって留意すべき事項を記載。

⑦その他マンションの管理の適正化の推進に関する重要事項

その他、マンション管理士制度の一層の普及促進や管理計画認定制度の適切な運用等のマンションの管理の適正化の推進に関する重要事項を記載。

管理計画認定制度

都道府県等によるマンション管理適正化の推進

高経年化したマンションの急増やマンションの大規模化等によって区分所有者の合意形成の困難さが増しており、管理組合の自主的な取り組みだけではマンション管理の適正化を図ることに一定の限界があります。

現在でも、マンションが多く所在する地方公共団体を中心に、管理組合向けのセミナーや相談会の開催、専門家の派遣等が行われていますが、改正法によりマンション管理に関する地方公共団体の関与を法定化することで、その取り組みを後押しし、各地のマンション管理の適正化を推進し、その動きの底上げを図ろうとしています。

具体的には、都道府県等（市および東京23区の区域は市や区、町村の区域は都道府県）は、基本方針に基づきマンション管理適正化推進計画を策定できることとしており、各地域における計画的な取り組みを推進することとしています。

さらに、地方公共団体は管理適正化のため、必要に応じて管理組合に対して指導・助言（著しく不適切な場合は勧告）をすることができるとしており、管理適正化に向けて、管理組合の運営等への関与を可能としています。この助言等の対象とならないマンションについても、将来的に管理不全に陥り外部不経済を生じさせるような状況を未然に防止する必要がある一方、都道府県等が区域内全てのマンションに助言等をすることは現実的ではないことから、各管理組合による管理適正化に向けた自主的な取り組みを誘導するための施策が必要です。

そこで、マンション管理適正化推進計画を作成した都道府県等において、個々のマンションの管理計画を認定することができるようにしており、認定を取得したマンションが市場で評価されることを通じて、区分所有者全員の適正な管理に対する意識の向上や管理水準の維持を図ることとしています。具体的には、マンション管理者等からの申請に基づき、マンションの管理方法、資金計画、管理組合の運営状況等を記載した一定水準以上の管理計画を都道府県等が認定することとし、認定は5年ごとの更新制としました（**図5**）。

管理計画認定制度における国の認定基準は、以下となります。

①管理組合の運営

(1)管理者等が定められていること
(2)監事が選任されていること
(3)集会が年一回以上開催されていること

②管理規約

(1)管理規約が作成されていること
(2)マンションの適切な管理のため、管理規約において災害等の緊急時や管理上必要なときの専有部の立ち入り、修繕等の履歴情報の管理等について定められていること
(3)マンションの管理状況に係る情報取得の円滑化のため、管理規約において、管理組合の財務・管理に関する情報の書面の交付（または電磁的方法による提供）について定められていること

- マンションの管理組合は、自らのマンションにおける管理計画を地方公共団体※に提出し、一定の基準を満たす場合、**地方公共団体の長による認定を受けることが可能**。

※認定には、マンションが所在する地方公共団体がマンション管理適正化推進計画を作成していることが必要。

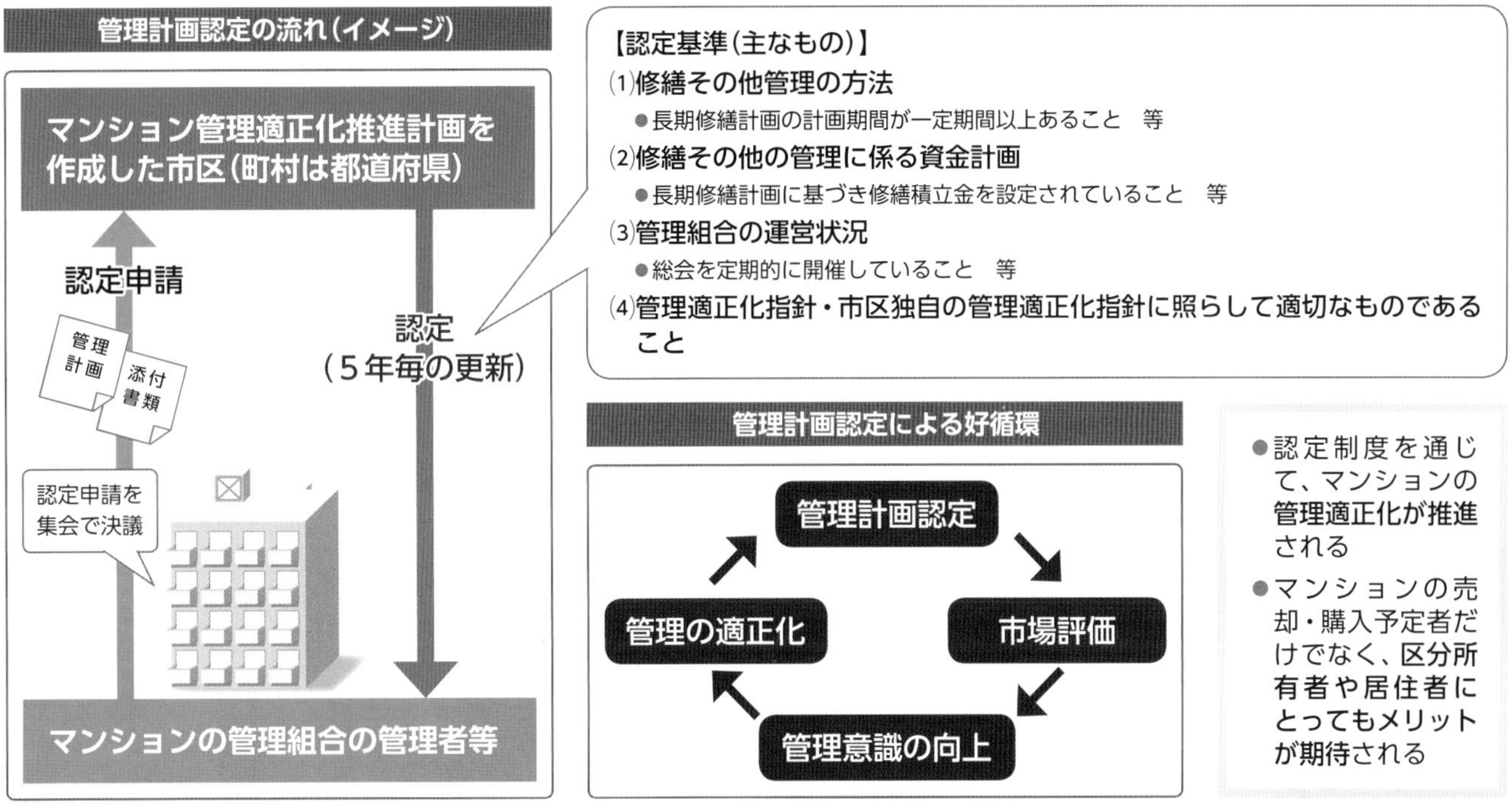

管理計画認定の流れ（イメージ）
マンション管理適正化推進計画を作成した市区（町村は都道府県）
認定申請
管理計画
添付書類
認定申請を集会で決議
認定（５年毎の更新）
マンションの管理組合の管理者等
【認定基準（主なもの）】
(1)修繕その他管理の方法
●長期修繕計画の計画期間が一定期間以上あること　等
(2)修繕その他の管理に係る資金計画
●長期修繕計画に基づき修繕積立金を設定されていること　等
(3)管理組合の運営状況
●総会を定期的に開催していること　等
(4)管理適正化指針・市区独自の管理適正化指針に照らして適切なものであること
管理計画認定による好循環
管理計画認定
市場評価
管理意識の向上
管理の適正化
●認定制度を通じて、マンションの管理適正化が推進される
●マンションの売却・購入予定者だけでなく、区分所有者や居住者にとってもメリットが期待される

図５　マンションの管理計画認定制度の概要

③管理組合の経理

(1)管理費及び修繕積立金等について明確に区分して経理が行われていること

(2)修繕積立金会計から他の会計への充当がされていないこと

(3)直前の事業年度の終了の日時点における修繕積立金の三カ月以上の滞納額が全体の一割以内であること

④長期修繕計画の作成および見直し等

(1)長期修繕計画が「長期修繕計画標準様式」に準拠し作成され、長期修繕計画の内容およびこれに基づき算定された修繕積立金額について集会にて決議されていること

(2)長期修繕計画の作成または見直しが七年以内に行われていること

(3)長期修繕計画の実効性を確保するため、計画期間が三十年以上で、かつ、残存期間内に大規模修繕工事が二回以上含まれるように設定されていること

(4)長期修繕計画において将来の一時的な修繕積立金の徴収を予定していないこと

(5)長期修繕計画の計画期間全体での修繕積立金の総額から算定された修繕積立金の平均額が著しく低額でないこと

(6)長期修繕計画の計画期間の最終年度において、借入金の残高のない長期修繕計画となっていること

⑤その他

(1)管理組合がマンションの区分所有者等への平常時における連絡に加え、災害等の緊急時に迅速な対応を行うため、組合員名簿、居住者名簿を備えているとともに、一年に一回以上は内容の確認を行っていること

(2)都道府県等マンション管理適正化指針に照らして適切なものであること

また、マンションの管理計画を認定する事務が都道府県等の事務として追加されるところ、認定基準への適合性の判断に当たっては、都道府県等の事務負担を軽減する観点から、審査業務を都道府県知事等の指定する法人に委託できることとしています。加えて、管理計画の認定基準への適合についてあらかじめ確認を受ける仕組

み※4を整備する予定であり、都道府県等の事務の負担軽減を図ってまいります。

※4　マンション管理適正化推進センターによる管理計画認定手続支援サービスを導入予定。

マンション標準管理規約の改正について

前述の通り、マンション管理適正化法の改正が行われ、その施行に向けた準備が進められているところですが、この他、昨年（令和2年）は新型コロナウイルス感染症の感染拡大等を契機に、ＩＴを活用した総会の開催の検討等、マンションの管理の在り方について社会情勢の変化を踏まえた見直しを行う必要が生じました。これを踏まえ、国土交通省では本年（令和3年）6月に各管理組合の管理規約のモデルとして示しているマンション標準管理規約およびそのコメントの改正を行いました。

主な改正内容は以下の通りです。

マンション標準管理規約（単棟型）の改正

※マンション標準管理規約（団地型）およびマンション標準管理規約（複合用途型）についても同様の改正を行っています。

※かっこ内の条項はマンション標準管理規約（単棟型）のものとなります。

①ＩＴを活用した総会・理事会について

今般の新型コロナウイルス感染症の感染拡大やデジタル化等の社会情勢の変化を踏まえ、ＩＴを活用した総会・理事会の開催が可能であることを明確化し、その実施に当たっての留意事項等を以下の通り記載しました。

- ＩＴを活用した総会等の会議を実施するために用いる「ＷＥＢ会議システム等」の定義を規定に追加（第2条）
- 理事長による事務報告がＩＴを活用した総会等でも可能なことを記載（第38条関係コメント）
- ＩＴを活用した総会等の会議を実施するに当たっては、ＷＥＢ会議システム等にアクセスするためのＵＲＬを開催方法として通知することが考えられることを記載（第43条および同条関係コメント（総会）・第52条関係コメント（理事会））
- ＩＴを活用した議決権の行使は、総会や理事会の会場において議決権を行使する場合と同様に取り扱うことを記載（第46条関係コメント（総会）・第53条関係コメント（理事会））
- ＩＴを活用した総会等の会議の実施が可能であることおよび定足数を算出する際のＷＥＢ会議システム等を用いて出席した者の取り扱い等について記載（第47条および同条関係コメント（総会）・第53条および同条関係コメント（理事会））

※ＩＴを活用した総会・理事会の具体的な開催方法は、（一社）マンション管理業協会が「ＩＴを活用した総会の実施ガイドライン」を定めています。

※ＩＴを活用した総会・理事会については、それを可能とすることを明確化する観点から標準管理規約の改正を行っているものであるため、この改正に伴って各管理組合の管理規約を変更しなくとも、ＩＴを活用した総会・理事会の開催は可能です。

②マンション内における感染症の感染拡大のおそれが高い場合等の対応について

今般の新型コロナウイルス感染症の感染拡大等を踏まえ、以下の事項を記載しました。

- 感染症の感染拡大の恐れが高いと認められた場合における共用施設の使用停止等を使用細則で定めることが可能である（第18条関係コメント）
- 感染症の感染拡大の防止等への対応として、「ＩＴを活用した総会」を用いて会議を開催することも考えられるが、やむを得ない場合においては総会の延期が可能である（第42条関係コメント）

③置き配について

配達ドライバーの不足や新型コロナウイルス感染症の感染拡大に伴う非接触型生活様式の一般化等の社会情勢の変化を踏まえ、置き配を認める際のルールを使用細則で定めることが考えられること、および置き配を認める際には長期間の放置や大量・乱雑な放置等により避難の支障とならないよう留意する必要があること等の留意事項を記載しました（第18条関係コメント）。

④専有部分配管について

共用部分と専有部分の配管の一体的な工事を実施する場合に、修繕積立金から工事費用を拠出するときの取り扱いとして、あらかじめ長期修繕計画において専有部分の配管の工事について定め、その工事費用を修繕積立金から拠出することについて規約に規定するとともに、先行して工事を行った区分所有者への補償の有無等についても十分留意することが必要であることを記載しました（第21条関係コメント）。

⑤管理計画認定および要除却認定の申請

昨年（令和2年）のマンション管理適正化法及びマンションの建替え等の円滑化に関する法律（平成14年法律第78号。以下「マンション建替円滑化法」という）の改正を踏まえ、総会の議決事項として、管理計画の認定の申請（認定の更新の申請および変更の認定の申請を含む）および要除却認定の申請を追加し、これに合わせて規定順を整理しました（第48条）。

⑥その他所要の改正

このほか、改元に伴う記載の適正化（第15条関係コメント等）や書面・押印主義の見直し（第17条等）等を行うための改正を行いました。

マンション標準管理規約（団地型）の改正

その他、昨年（令和2年）のマンション建替円滑化法の改正による敷地分割制度の創設等を踏まえ、これに合わせて以下の改正を行いました。

①敷地分割事業と分割請求禁止規定との関係性

第11条に相当する規定があった場合であっても、改正法による改正後のマンション建替円滑化法第１１５条の4第1項に基づく敷地分割決議による敷地分割は禁止されるものではないことを記載しました（第11条関係コメント）。

②団地修繕積立金および各棟修繕積立金

団地修繕積立金および各棟修繕積立金の使途として「敷地分割に係る合意形成に必要となる事項の調査」を記載しました（第28条および同条関係コメント（団地修繕積立金）・第29条および同条関係コメント（各棟修繕積立金））。

③招集手続

敷地分割決議を行うための団地総会の招集手続を記載しました（第45条および同条関係コメント）。

④団地総会の会議および議事

敷地分割決議の決議要件を記載しました（第49条および同条関係コメント）。

⑤議決事項

団地総会の議決事項として敷地分割決議を記載しました（第50条）。

おわりに

わが国における国民生活の安定向上と国民経済の健全な発展に寄与するためには、管理組合がマンションを適正に管理するとともに、行政はマンションの管理状況、建物・設備の老朽化や区分所有者等の高齢化の状況等を踏まえてマンション管理適正化の推進のために施策を講じていく必要があります。

ここで挙げた法改正やマンション標準管理規約の改正を踏まえ、国土交通省では、今後説明会等を開催して管理計画認定制度の普及に努めてまいります。

「マンションライフサイクルシミュレーション～長期修繕ナビ～」について

住宅金融支援機構

はじめに

昨今、マンションストックの高経年化を背景にマンション管理の適正化が求められ、管理計画認定制度の創設など、管理組合による自立的な管理・運用が重視されています。中でも長期修繕計画に基づいて算出される修繕積立金の妥当性は、適切な管理状況を示す重要なポイントの一つです。

しかし実態は、すでに積み立てられた修繕積立金額を前提に工事内容を決定したり、修繕積立金不足により工事が先延ばしにされるなど、合理的な選択が行われていないケースが散見されます。

また、「大規模修繕工事の工事費が妥当かどうかよくわからない」「今後、修繕積立金をどのくらい増額すればいいのか」といった疑問を抱えている管理組合も多いと思われます。

そこで住宅金融支援機構では、こうした課題や疑問の解決の一助となるよう、「マンションライフサイクルシミュレーション～長期修繕ナビ～」を作成し、当機構のホームページで公開しています。

マンションライフサイクルシミュレーションとは

マンションの規模や築年数、予定される工事の内容、修繕積立金の徴収額などを入力することで、同規模、同築年数のマンションの「平均的な大規模修繕工事費用」や今後40年間の「修繕積立金の負担額」「修繕積立金会計の収支」などを試算することができます。

マンションライフサイクルシミュレーションの構成

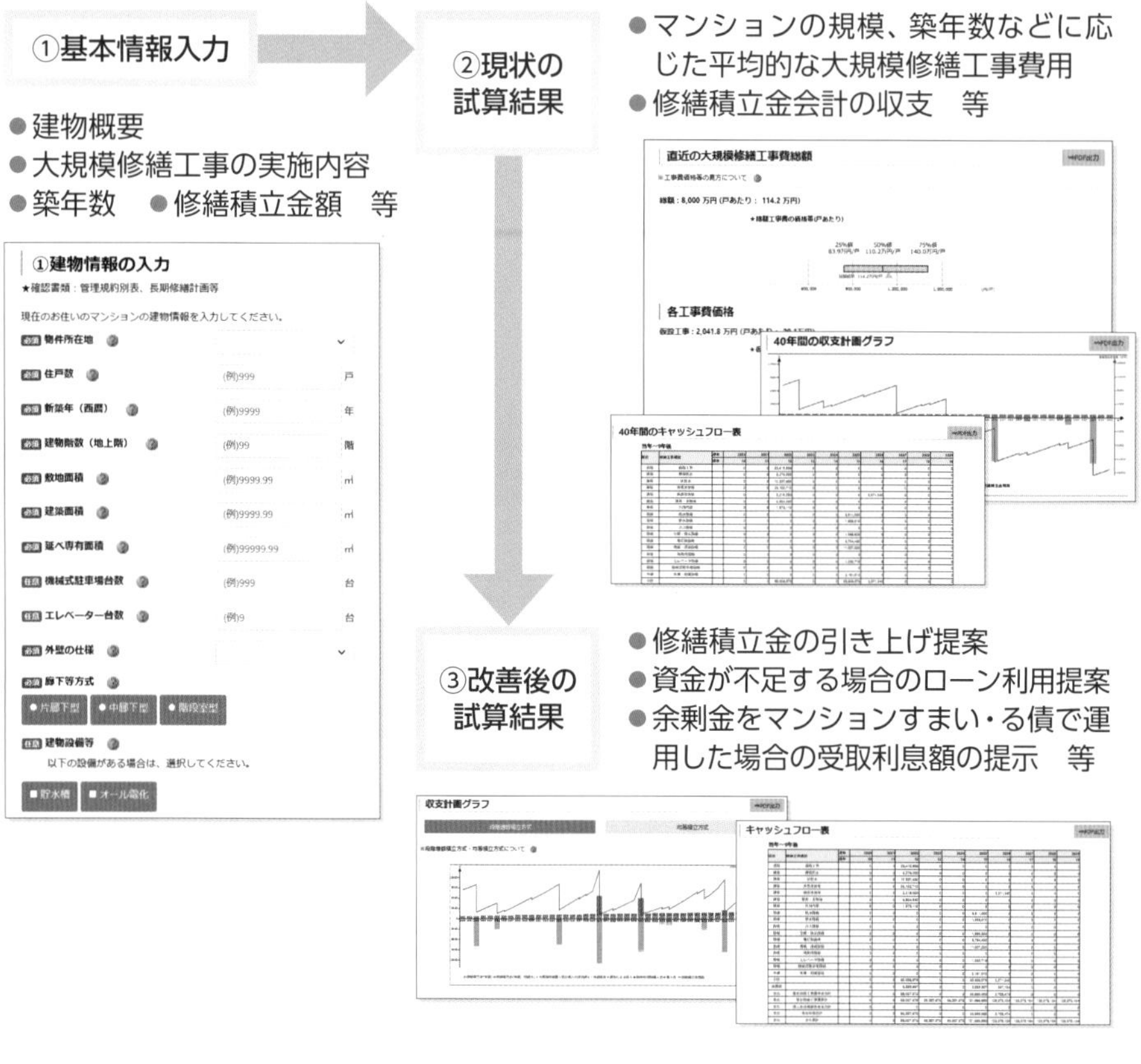

シミュレーションの活用例

ケース1：工事内容・工事価格の妥当性の検証

Q 複数の施工会社等から提出された大規模修繕工事の見積書をどのように比較し、どの会社を選定すればよいか分からない。

A シミュレーションで同規模、同築年数のマンションの「平均的な大規模修繕工事費」を算出し、見積書を比較する際の目安として利用することができます。

さらに、施工会社等との打ち合わせ時に「見積額とシミュレーション算出結果との差異」の要因※について説明を求めることで、見積書の工事内容や工事価格の納得性を高めることができます。

※差異の要因として、工事の内容、仕様のグレード、劣化の程度、施工範囲の違いなどが考えられます。

試算結果と活用方法

試算結果画面では、工事費総額、各工事費の金額および工事種類に応じた単価（戸、㎡、台）が表示されます。
また、参考として機構のマンション共用部分リフォーム融資の工事費データの分布範囲が表示されます。

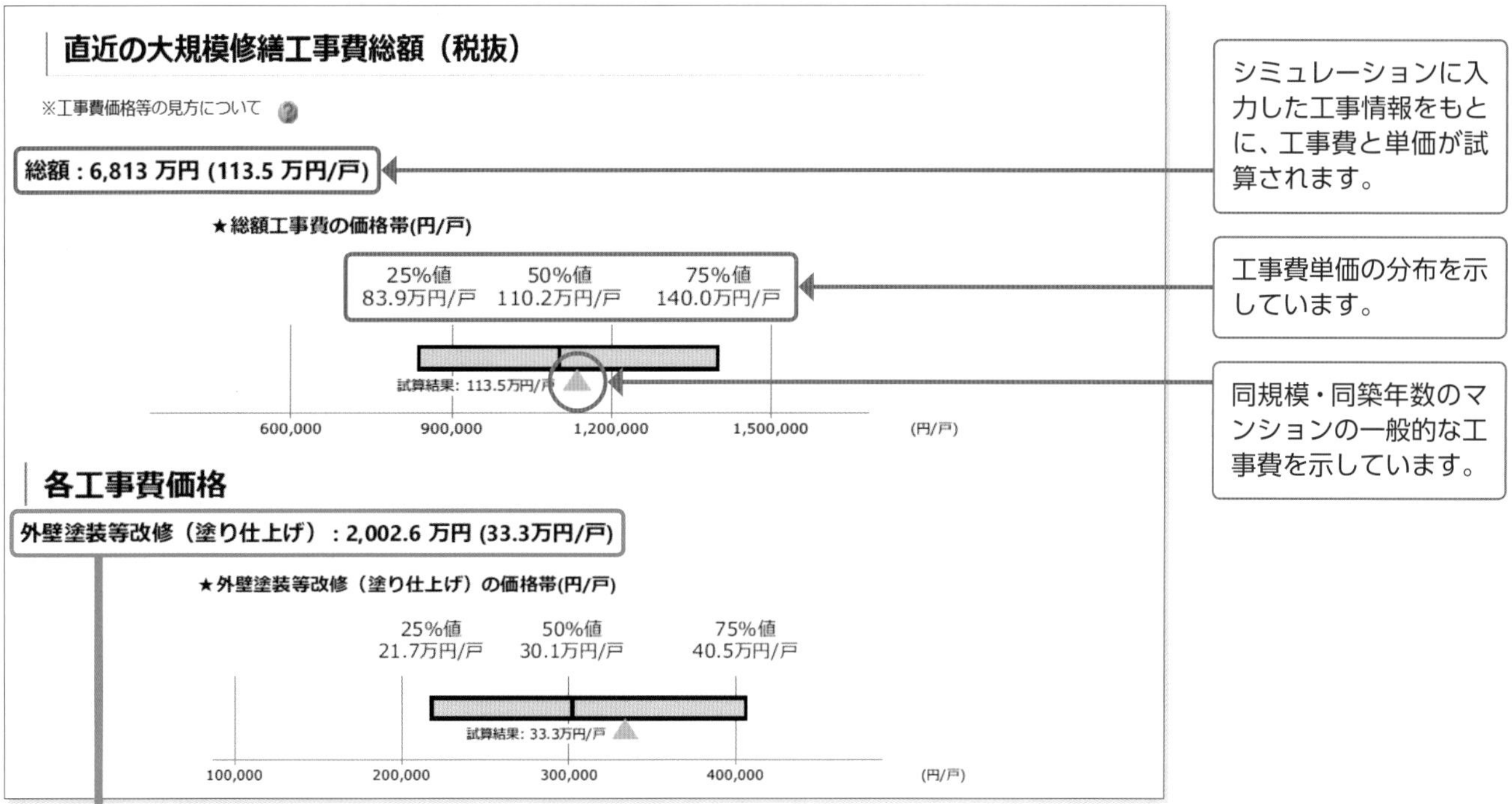

例えば、外壁塗装等改修工事について見積りを取る場合…

【A社の見積書】	【B社の見積書】	【C社の見積書】
外壁等改修工事 **2,400**万円 ➡シミュレーション結果より高い。	外壁等改修工事 **2,000**万円 ➡シミュレーション結果と同程度。	外壁等改修工事 **1,600**万円 ➡シミュレーション結果より低い。
↓ 見解を確認	↓ 見解を確認	↓ 見解を確認
【A社の見解】 最先端の塗料を使用し、外壁全体に施工します。	【B社の見解】 一般的に普及している商品を使用し、外壁全体に施工します。	【C社の見解】 一般的に普及している商品を使用し、施工範囲を必要最小限に留めています。

工事価格の妥当性、工事内容の合理性を検証し、施工会社等を選定することができます。

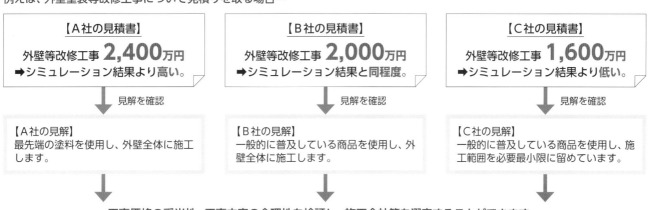

ケース2：修繕積立金の収支計画の見直し

Q 修繕積立金が足りず、このままでは計画通りに大規模修繕工事を実施することができない。

A 修繕積立金不足により、必要な大規模修繕工事が先延ばしされると、資産価値の低下、劣化の進行等の弊害をもたらす恐れがあります。

大規模修繕工事を計画通りに行うためには、修繕積立金の引き上げや一時金の徴収、ローンの借入等を考える必要があります。

シミュレーションでは、修繕積立金の増額やローン借入により収支を改善した資金計画を確認することができるので、資金計画を見直す検討資料として活用し、将来の大規模修繕工事に向けて準備することができます。

さらに、余剰金が生じる場合には、マンションすまい・る債の積立を実施した場合の運用益を加味した資金計画を確認することができます。

ケース3：今後40年間で必要となる修繕積立金の負担額を確認

Q 修繕積立金がどこまで上がるのか不安。

A 大規模修繕工事費用は、築年数が経過するほど高くなることから、修繕積立金も増額していくことが一般的です。

しかし、築年数の経過とともに入居者も高齢化し収入が減少するため、修繕積立金の負担が一層重くなることも考えられます。

一方、一般的な長期修繕計画は25～30年先までの作成となっており、その先の状況が把握できません。

シミュレーションでは、今後40年間で必要となる修繕積立金の負担額が試算されるため、長期修繕計画よりもさらに先の状況を確認することができます。

入居者が高齢化する前の比較的経済的に余裕がある時期に修繕積立金の増額を前倒しすることで、後年の負担額を軽減するなど、長期的視点で資金計画を見直す場合の検討資料として活用できます。

試算結果と活用方法

試算結果画面の「資金収支グラフ」では、今後40年間の「修繕積立金の負担額」「修繕積立金会計の収支」等が表示されます。

[現状]

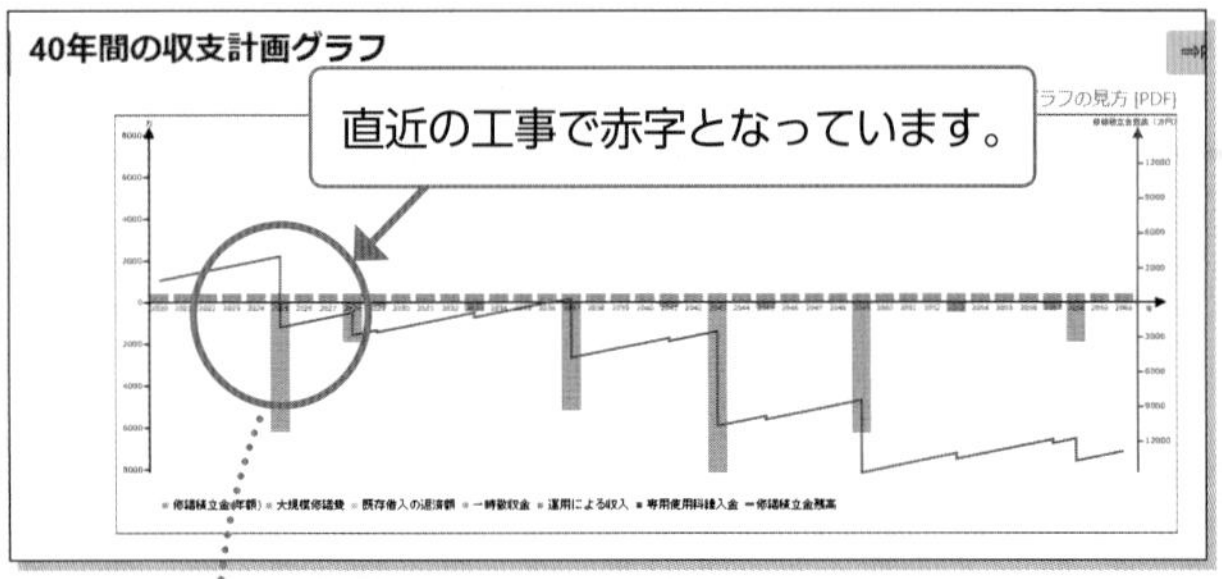

「40年間の収支計画グラフ」では、修繕積立金額（年額）、修繕積立金残高、大規模修繕費用等が表示されます。

左図の試算例では、直近の大規模修繕工事で資金不足となる可能性が示されています。

[改善後]

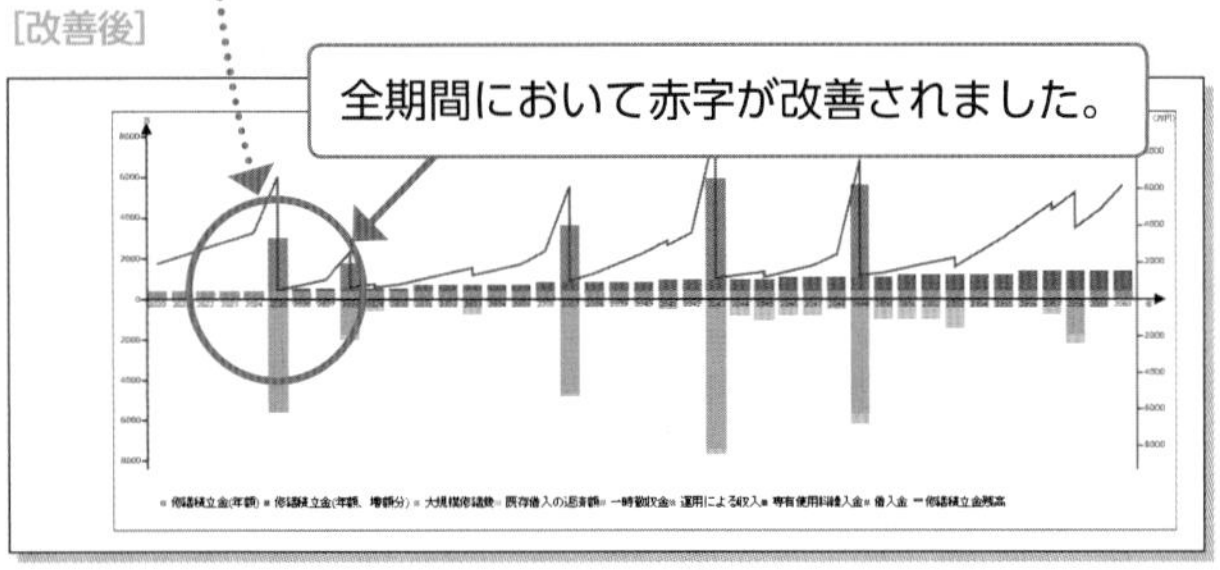

修繕積立金残高が不足する場合、修繕積立金の増額、ローン利用等を想定した改善シミュレーションを行うことができます。

各年度の修繕積立金会計がマイナスとならないよう収支を改善するとともに、修繕積立金をどのくらい引き上げればよいかを提示します。

マンションライフサイクルシミュレーションのアクセス方法

シミュレーションの他、各タブをクリックすると以下の内容が確認できます。

シミュレーションの具体的な活用場面を３つの動画で紹介しています。

シミュレーションの算定解説書

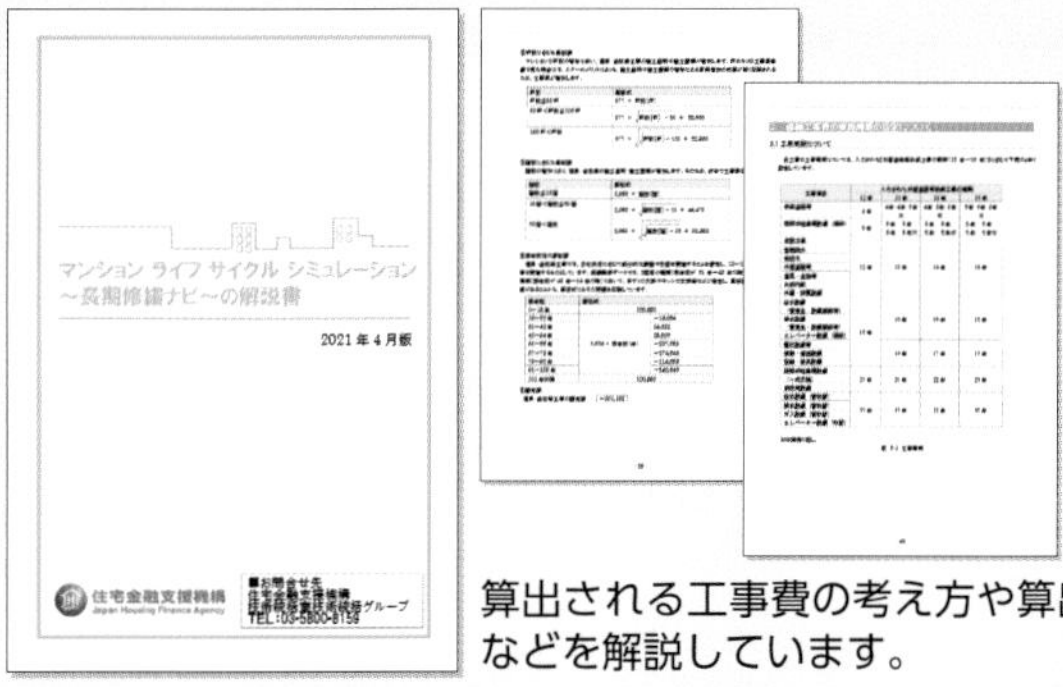

算出される工事費の考え方や算出方法などを解説しています。

大規模修繕工事費の分析結果

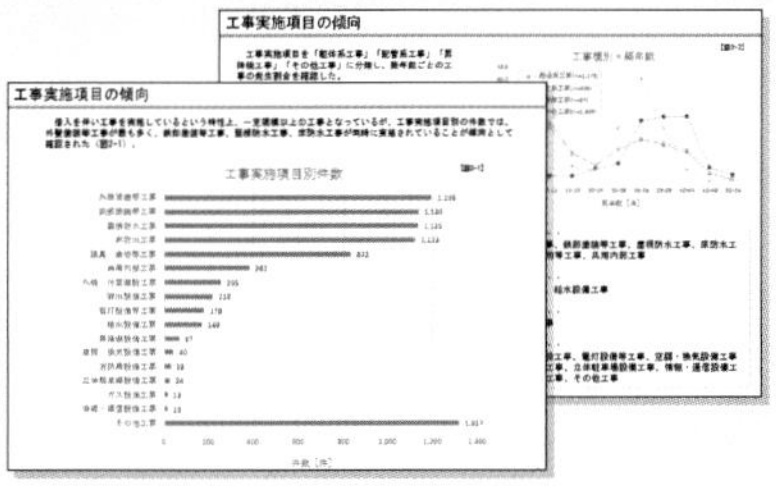

シミュレーションの基となる、機構が融資したマンション共用部分リフォームの工事費データの分析を行っています。

シミュレーション試算結果の見方

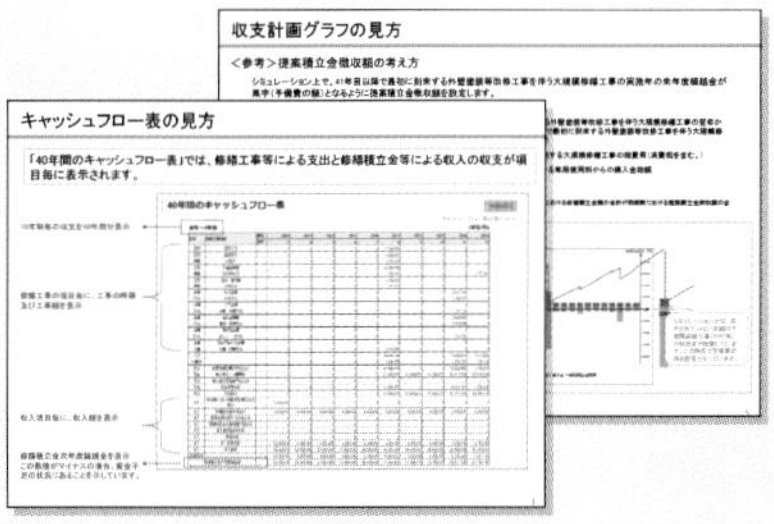

試算された収支計画グラフやキャッシュフロー表などの見方について解説しています。

住宅金融支援機構ホームページ(https://www.jhf.go.jp)

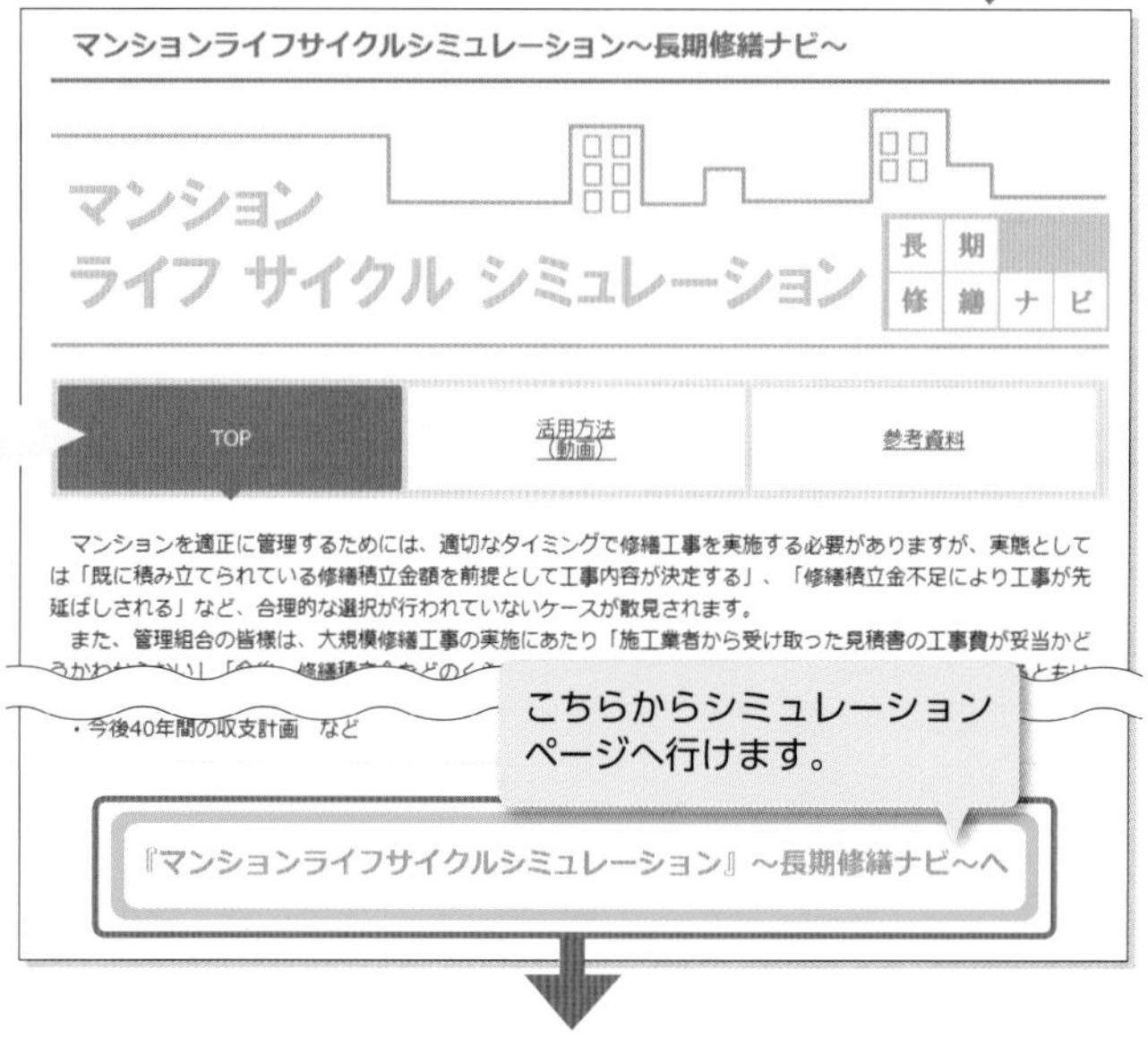

①建物情報、②工事情報、③資金情報を順に入力していきます。

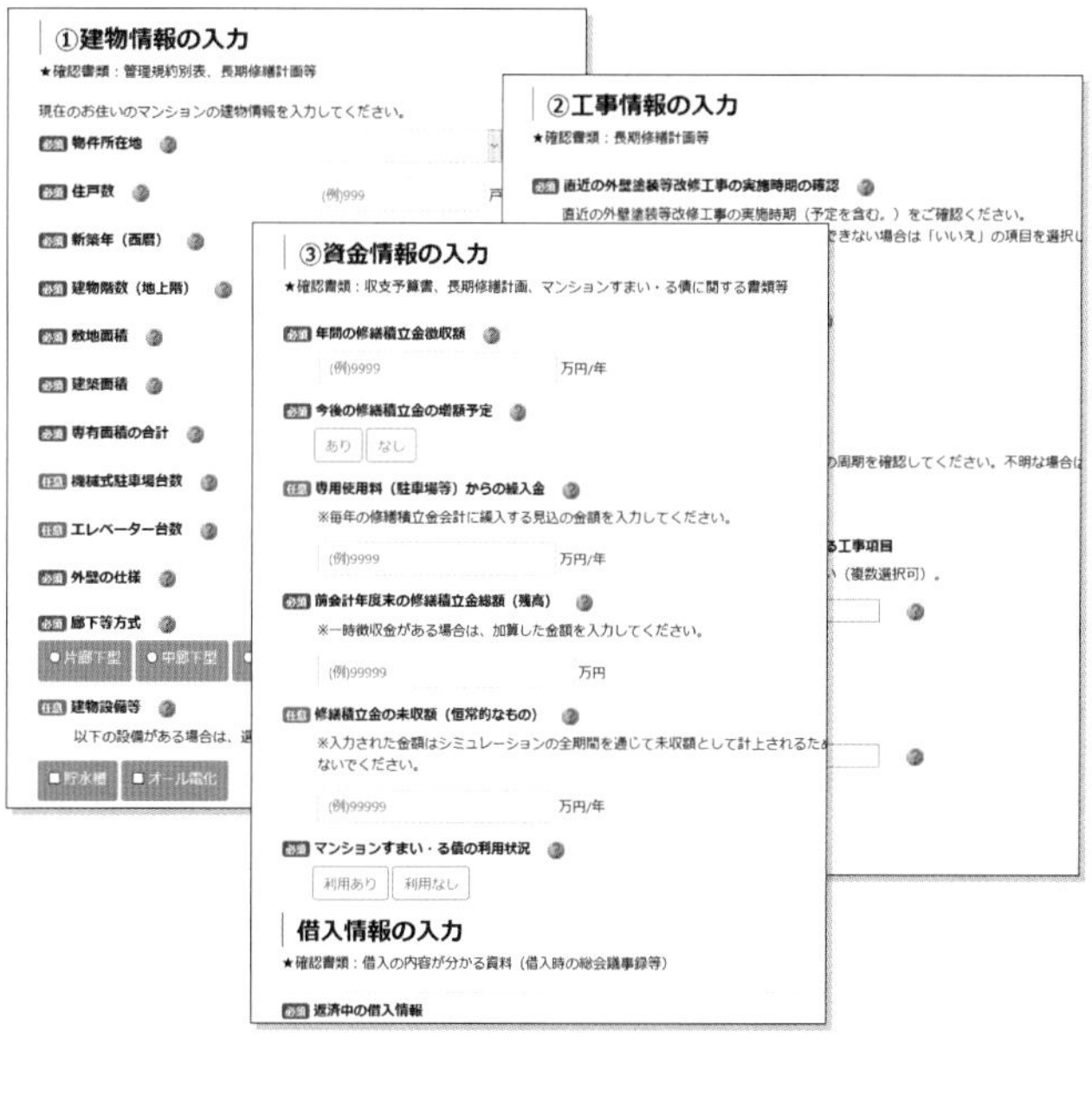

マンション・バリューアップ・アワード

マンションが終の棲家として永住志向が高まる中、適切な維持管理や健全な組合運営を推進していくことが、住民満足度の向上と資産価値の維持につながります。それを実現するに当たり、管理業の役割は重要です。

そこで、マンションにおけるさまざまな取り組みの優良事例を広く募集し、発信・情報共有するため、（一社）マンション管理業協会では、「マンション・バリューアップ・アワード」を開催しています。これは、マンション暮らしの魅力や可能性の発信と、皆さんのマンション暮らしの参考となることを目指し、より多くの「住み心地の向上」や「建物の適切な維持・管理」のための事例・アイデアを募集し表彰するもので、毎年開催されています。

2021年も以下の内容で募集され、2022年2月下旬に同協会サイト内で受賞者が公表される予定です。

募集内容

住み心地、建物・設備、安心・安全などマンションに関する全てのバリューアップ事例・提案（コミュニティー活動、清掃美化活動に関する一工夫、大規模改修、防災訓練、収支計画　等）。

募集テーマ

①マンションライフ・シニアライフ部門（住み心地、居住価値向上、高齢者対応）

- コミュニティー形成・地域共生への取り組み・提案事例　等
- 子ども世帯誘致によるマンション内二世帯居住の実現事例　等
- 清掃、美化運動、防犯活動、理事会運営の改善　等
- 高齢者等の配慮が求められる方を対象としたコミュニティー活動、見守り活動　等
- 地域包括支援センター、民生委員、自治会・町内会等との連携等（認知症カフェの運営、相続放棄に備えた法的措置の検討等）
- 現場管理員・清掃員等の努力、お客様満足獲得への対応事例　等

②工事・メンテナンス部門（建物資産価値の向上）

- 長期的視点での修繕費用の削減に資する工事（長期的視点で修繕周期の延伸につながる提案）
- 共用部分の管理費のランニングコストの削減に資する工事（機械式駐車場見直し・照明のLED化　等）
- 環境の変化に応じた新たな施設・設備改修の提案事例　等（若い世代の住み替え誘致のための改修、居住者属性に合わせた共用施設改修　等）
- 旧耐震建物を耐震改修した取り組み事例　等

③防災部門（防災力の向上）

- 震災経験を踏まえた防災力向上のための提案事例　等
- 新型コロナウイルス感染症の対応・対策事例　等
- 台風・豪雨による浸水災害時の対応・対策事例　等
- 地域と連携しての防災訓練の実施事例　等

④管理組合運営部門（管理組合財政・管理組合運営の改善、IT化の取り組み　等）

- 収支改善提案事例　等
- 収益事業提案事例　等
- 未収金回収方策の提案事例　等
- 役員のなり手不足対策事例　等
- 機能不全マンションからの改善事例　等
- ITを活用しての理事会・総会の進め方事例　等

応募資格

マンション管理組合、サークル等組織、マンション居住者、管理会社、管理員、マンション管理士、設計事務所関係、不動産業について関心がある学生など

マンション・バリューアップ・アワード2020　受賞物件一覧

グランプリ
防災部門
（防災力の向上）

100年に1度の台風にどのように立ち向かったか（1m70cmの冠水）

株式会社東急コミュニティー　下原航氏

部門別

マンションライフ・シニアライフ部門（住み心地、居住価値向上、高齢者対応）

部門賞

● **高齢者見守り活動と農園芸療法による認知症予防**
高取台サンハイツ管理組合法人　日置一夫氏

特別賞

● **コロナ禍の中でつながり続ける“長屋型マンション”**
毛馬コーポゆうゆうクラブ　青山ヒフミ氏

佳　作

● **理事会の活性で管理組合の意義を深掘り理事長4年間の奮闘記！**
両備グレースマンション妹尾駅前管理組合　水原周作氏

● **クラウドツールを活用した管理組合運営のデジタル化の取り組み**
ヴェレーナ流山セントラルパーク管理組合

● **居住者の防犯意識向上とコロナ下でのサービスの提供**
三井不動産レジデンシャルサービス株式会社　倉本昇氏

防災部門（防災力の向上）

部門賞

● **100年に1度の台風にどのように立ち向かったか（1m70cmの冠水）**　20頁参照
株式会社東急コミュニティー　下原航氏

特別賞

● **給水設備の新設による災害対策**　21頁参照
大成有楽不動産株式会社　佐々木洋氏

佳　作

● **マンション敷地法面に対する【土砂災害防止法の指定解除に向けた整備工事等】の提案について**
三菱地所コミュニティ株式会社　横浜第一支店　長谷清浩氏

● **コスパ良し！スピード良し！環境に良し！の電子掲示板！**
株式会社えん建物管理　田中史郎氏

● **マンション「防災活動」について**
日本ハウズイング株式会社　札幌南支店　山村翼氏

工事・メンテナンス部門（建物資産価値の向上）

部門賞

● **イニシア千住曙町 Project NEST**　18頁参照
イニシア千住曙町管理組合法人　鈴木由紀子氏・太田一洋氏

特別賞

● **管理組合と管理会社一体による大型工事の成功**　19頁参照
伊藤忠アーバンコミュニティ株式会社　山田竜也氏

佳　作

● **汚水排水管の洗浄作業によるマンション資産価値向上**
大成有楽不動産株式会社　篠原大祐氏

● **大阪府北部地震を乗り越えて将来の修繕費用を大幅削減**
株式会社長谷工コミュニティ　吉田健司氏

● **大規模修繕工事でバリューアップを**
株式会社ライフポート西洋　大阪支店

財政部門（組合財政の健全化）

部門賞

● **組合員の負担を軽減したい！**　22頁参照
住友不動産建物サービス株式会社
友光学氏・岩佐淳史氏・須崎友貴氏

佳　作

● **管理費等の増税に伴う自動変更**
株式会社長谷工コミュニティ　志和木裕氏

● **機械式駐車場平面化**
大和ライフネクスト株式会社　竹ノ下巧氏

● **修繕積立金の改定**
株式会社長谷工コミュニティ　永谷真友氏

● **マンション設備見直提案による支出の削減**
株式会社長谷工コミュニティ
関西長期修繕計画部　佐藤みずほ氏

［主催］　一般社団法人 マンション管理業協会「マンション・バリューアップ・アワード2021」実行委員会事務局
〒105-0001　東京都港区虎ノ門1-13-3　虎ノ門東洋共同ビル2階
TEL：03-3500-2721　FAX：03-3500-2722　mail：award@kanrikyo.or.jp　URL：http://www.kanrikyo.or.jp
［後援］　国土交通省　東京都　独立行政法人 住宅金融支援機構　公益財団法人 マンション管理センター　NPO法人 全国マンション管理組合連合会
一般社団法人 日本マンション学会　学校法人 明海大学　一般社団法人 日本マンション管理士会連合会　一般社団法人 マンションライフ継続支援協会
マンションコミュニティ研究会　一般社団法人 マンション計画修繕施工協会

受賞事例 1

工事・メンテナンス部門（建物資産価値の向上）部門賞

イニシア千住曙町 Project NEST

受賞者 イニシア千住曙町管理組合法人　鈴木由紀子氏・太田一洋氏

ミニショップ跡地を「大人がくつろげる空間」へ改修

イニシア千住曙町は足立区にある515世帯の大型タワーマンションで、季節ごとの行事をマンションぐるみで行ったり、意識を高く持った管理組合役員たちがさまざまな改革を実施したりと、コミュニティーが形成され管理も行き届いたマンションです。

このマンションのエントランスホール内には、当初住民専用のミニショップが存在していましたが、跡地が10年近く放置された状態となっていて、マンションの資産価値という面から住民から懸念が示されていました。

今回の改修に当たっては、管理組合が住民アンケートや説明会を行い、質問や意見に対しては書面や住民専用のWEB掲示板で回答するなど、丁寧なフォローを実施してきました。この結果、改修に対する住民の反対意見はゼロという好条件のもと、ミニショップ跡地と既存のパークサイドカフェをひとつながりにして、「応接室」「学習エリア」「くつろぎエリア」の3つの空間が予約なしで気軽に使える「みんなのラウンジ」形成のための改修が行われることとなりました。

数週間の工事期間を経て引き渡しとなりましたが、学習エリアやくつろぎエリアの設置によって落ち着いて勉強や仕事ができるようになり、利用マナーも格段に向上するといった効果が表れたほか、応接室も月30件ほどの利用があり順調に稼働しているなど、改修の目的であった「資産価値向上」が着実に図られつつあります。

バリューアップのための実施内容

1 アンケートの実施

「大人の空間」と「子どもの遊び場」を求める声が多く寄せられたが、子どもが減っているマンションの現状を踏まえ、空港のラウンジをイメージした大人のためのスペースとする案を採用。

2 図面の作成、壁の撤去の確認

売主側が詳細な図面を持っていなかったため、現地調査と白図作成発注に12万5,000円を拠出。また、パークサイドカフェとミニショップを仕切る壁を撤去すると消防法違反になることが判明したため、区画壁撤去後に防火ガラスを設置。

3 内装材、設備等の選定

ドリップコーヒー機器の設置、電子雑誌読み放題サービスの検討、有線防犯カメラの設置など。

4 住民説明会で動画を活用

業者から納品された3DCG動画をもとに、共用施設委員会でキャプション等を追加して動画を編集し、エントランスホールのデジタルサイネージで完成イメージを放映。

受賞事例 2

工事・メンテナンス部門（建物資産価値の向上） 特別賞

管理組合と管理会社一体による大型工事の成功

受賞者 伊藤忠アーバンコミュニティ株式会社 山田竜也氏

3つの工事を同時進行した工期13カ月の一大プロジェクト

東京都江東区にある453戸のマンションで、通常の大規模修繕工事に加え耐震補強工事、再生リノベーション工事（玄関扉交換、共用部照明のLED化、バルコニー手すりの更新、共用廊下面格子の更新、埋設ガス配管の更新）という3つの工事を同時に実施した例です。工期は13カ月に及び、費用も通常の大規模修繕工事2回分に相当する一大プロジェクトで、また耐震補強工事の中には、該当部分のバルコニー躯体を一時解体し、柱・梁の補強後に再度構築するという工事も含まれ、居住者が住みながらの工事としては難易度の高いものでした。

この事例の成功要因の1つとして、居住者の協力を得ながら管理組合と管理会社が一体となってプロジェクトが進められたことが挙げられます。日頃からマンション管理を行っている管理会社の技術部門が工事の計画段階から参加し、管理組合に対しての技術的なアドバイスや工事の具体的な計画についての各種提案が行われたほか、住民説明会も約20回開催。また、女性社員による定期的な相談会も実施され、女性居住者からの意見を吸い上げ良好な関係を構築する一端を担いました。

難工事だった耐震補強工事と埋設ガス配管の敷設工事のため、一部の住戸では約6カ月もの間バルコニーの使用制限が発生するなど、居住者の負担も小さいものではありませんでしたが、管理組合と管理会社の密な連携により大きなトラブルもなく工事は完了。施工後には、工事の仕上がりに満足する声だけでなく、事前説明会や工事関係者への好感の声も居住者から寄せられたとのことです。

子ども向け説明会の様子

LED工作教室の様子

バリューアップのための実施内容

1 管理会社が全ての工事の元請に

理事会と修繕委員会が中心となって行われた工事計画の策定には、管理会社の技術部門も参加。管理組合へのアドバイスや提案、住民説明会を通じて、強固な信頼関係を構築した。

2 着工前に丁寧な工事説明会を開催

輻輳する工事に伴う居住者への影響に理解を深めてもらうため、通常の工事説明会を4回開催したほか、クイズやおやつも交えて親子で参加できる子ども向けの説明会も開催。

3 居住者への負担軽減対策

工事中の騒音や振動対策として、管理組合の会議室を利用した居住者専用の休憩所を設置。居住者間のコミュニティー強化にもつながった。

4 女性社員による相談会「エンジ小町」の定期開催

女性の居住者からの意見の吸い上げと関係構築に貢献。工事中には「エンジ小町」主催のLED工作教室といったイベントも行われ、居住者の負担軽減にも大きく寄与した。

受賞事例 3

防災部門（防災力の向上）部門賞

グランプリ

100年に1度の台風にどのように立ち向かったか（1m70cmの冠水）

受賞者 株式会社東急コミュニティー　下原航氏

防災マニュアル整備が奏功した事前準備と復旧作業

2019年10月12日の夕方から夜にかけて、100年に1度といわれる勢力の台風19号が東京都を襲い、23区内にある約80戸のマンションが被害を受けました。内水氾濫により建物1階部分は水没（床上約1m70cm浸水）、エレベーターや機械式駐車場をはじめ電気関連盤等の大半の建物設備が冠水、水没車両が18台発生と甚大な被害に遭いながらも、日頃からの備えが奏功し復旧への取り組みが前向きに行われました。

防災マニュアルを整備していたことにより、台風当日には日中に理事会が開催され、管理会社も遠隔で参加し事前に対策を協議。これを受けて浸水が始まった頃には役員による住民の安否確認が行われ、逃げ遅れた住民1名を早期に発見し救出に成功しました。さらに、管理会社が台風当日のうちに工事部門の担当者や電気業者等の協力業者と連絡を取り合い、被災翌日という早期から復旧作業を行うことができました。

また、河川に近い当建物の立地やハザードマップの浸水予想を受け、被災前に水災保険特約をマンションの共用部分保険契約に中途付帯していたことも特筆すべき点です。これにより復旧費用の約99%をカバーでき、管理組合としても多額の工事支出に関する合意形成のハードルが下がったため、迅速な復旧判断を進めることができました。

管理会社では、復旧作業と並行して今後の水災害対策への提案も実施。今後も同規模の水災害が起こることを想定した対策工事といったハード面だけでなく、住民同士の自助を促すソフト面での提案も行っており、他マンションが防災対策を学ぶ上でも貴重な事例となりました。

バリューアップのための実施内容

1 水災保険特約を中途付帯

被害の復旧に要した合計約1億2,000万円のうち、約1億1,850万円（約99%）を水災保険でカバー。このため、迅速な復旧判断を進めることができた。

2 協力業者・工事部門との連携による早期の復旧対応

被災翌日から電気配線の復旧作業に取りかかり、被災から2日後には電気・給水・給湯といった基本的なライフラインが復旧。

3 理事会の機動的対応による住民救助

台風当日の理事会での協議を受けて住民の安否確認を行い、1名の早期救出に成功。また被災が連休中であったことから、共用部分の復旧対応には約120名の住民が協力した。

4 今後の水災害対策について提案

【ハード面】電気盤室、エレベーター、ボイラー室等の生活に直結する重要設備について、水災害を防ぐ設計で優先的に対策工事を実施。

【ソフト面】防水板の設置練習会や防災備品の支給訓練等を実施して、住民同士の自助を促し、管理会社や公共機関が駆け付けるまでの防災力を向上させる。

受賞事例 4

防災部門（防災力の向上）　特別賞

給水設備の新設による災害対策

受賞者　大成有楽不動産株式会社　佐々木洋氏

管理費の余剰金を活用して災害用井戸を設置

築23年・15階建て、140世帯が入居する本マンションでは、管理に対する居住者の意識が極めて高く、管理費会計の収支状況改善等を積極的に行った結果、一定の余剰金を生み出していました。管理組合はその余剰金を有効に活用すべきと考え、管理会社の協力のもと、災害時などの停電による断水に備える災害用井戸の設置を検討。2017年から計画がスタートしました。

当初は電動式2本、手動式1本の計3本の井戸の設置が計画され、マンションの通常総会でも可決承認されていました。しかしその後、高台という立地から掘削深さが当初計画の倍必要だということが判明。最終的に電動式の井戸を1本設置することとなったほか、非常用電源としてLPガス発電機2台、上階へ水を供給するための手動給水装置1台の導入が決定しました。

計画から2年後の2019年、防災用井戸が無事設置されましたが、平常時でも管理事務室や集会室の水栓とトイレ、さらに植栽の散水栓もこの井戸の水で賄えるように工夫。また、管理事務室と集会室の水栓には浄水器を設置したことで、飲料水として利用できるようになりました。その後2020年には、災害時の排水管の破損等も考慮し非常用トイレを全戸へ配付。これにより、上階までの生活用水、共用部分電源、全住戸の非常用トイレの確保を実現しています。

それぞれの機器や物品購入に当たっては、保守契約の工夫や助成制度を活用することで経費削減も達成しており、管理費という資源を有効に使いながら災害に強いマンションへと変貌させた好例となりました。

バリューアップのための実施内容

1 電動式の災害用井戸1本を設置

当初計画では3本の井戸を設置する予定だったが、掘削深さの問題から計画を変更。また停電を想定しているため、非常用電源として発電機の購入も決定。発電機は、燃料保管の安全性や機器の保守性を考慮しLPガス式が採用された。

2 手動の給水装置を導入

上階まで楽に水をくみ上げるための給水装置を導入。電源不要の手動ポンプ式が採用された。

3 井戸水を平常時も活用

1階共用部分の管理事務室や集会室の水栓・トイレ、および植栽の散水栓に井戸水を使えるようにしたほか、管理事務室や集会室の水栓に対しては浄水器も設置し飲用が可能に。これにより水道契約が解除でき、水道代の節約を実現。

4 非常用トイレを全戸へ配布

給水だけでなく、排水系統についても災害時に排水管の破損等で使用できなくなる可能性を考慮し、非常用トイレ（全30回分）を全戸分購入し配付。

受賞事例 5

財政部門（組合財政の健全化） 部門賞

組合員の負担を軽減したい！

受賞者 住友不動産建物サービス株式会社 友光学氏・岩佐淳史氏・須崎友貴氏

徹底した経費の見直しで管理費の値上げを回避

近年、消費税の増税や人件費の高騰などによりやむを得ず管理費を値上げするマンションも目立つ中、管理費値上げの回避に成功したケースを紹介します。

東京都にある築14年、総戸数2，000戸を超えるこの大規模タワーマンションでも、増税による支出増加（約1，200万円）、人件費の高騰（約2，200万円）、物件内で運行していた貸し切りバスの契約変更による支出増加（約3，000万円）などが発生し、いかにして管理費を上げずにこの支出増に対応するかが課題となっていました。

そんな中、管理会社が行ったのは徹底した経費の見直し。管理会社の担当者は、全国のフロント担当者から情報を収集し、当マンションに該当する経費の削減方法を模索しました。契約見直しによる電気や共用ネットワークサービスの料金削減、照明のLED化、共聴設備の更新工事での助成金利用、駐車場区画の改修、資源ごみの買い取り等、あらゆる施策を実施した結果、約6，400万円の支出増加に対して約6，670万円の削減が見込まれたほか、さらに約1，800万円の収入増加も見込めることに。戸当たりで約4万500円の貢献となり、組合管理費の値上げを回避することができました。

管理費の支出を抑えることは、マンション価値の棄損を防ぐことにもつながります。居住者の負担軽減を実現した管理会社に対して、マンション理事会からは「積極的に提案してくれている」「大きな支出削減に取り組んでもらった」といった称賛の声が上がったほか、組合員からもその成果を評価する声が寄せられたとのことです。

バリューアップのための実施内容

※主な取り組みを抜粋

1 電気料金と共用ネットワーク使用料金の削減

電力会社との契約交渉の結果、電気料金は年間約2,165万円を削減。また共用ネットワーク使用料金も、契約変更により年間約1,680万円を削減。

2 照明のLED化と補助金の活用

電気料金が年間約460万円削減されたほか、合計125万円の補助金も受け取れることに。

3 共聴設備更新工事での助成金利用

6,720万円の助成金が下りたほか、工事業者との価格交渉により見積金額から約1,700万円の減額に成功。

4 駐車場区画の改修

既存の駐車場区画を人気のある特大区画に改修することにより、空き区画を減らして年間約1,600万円の駐車場使用料の増収を達成。

5 資源ごみの買い取り

回収されているだけだった古紙、アルミ缶などを業者に買い取ってもらうことで、年間約100万円の増収に。

災害特集

災害特集

建物防災力診断のすすめ

一般社団法人 防災事業経済協議会（ＢＯＣＯ）建物防災力診断部会
部会長 橘英典（ヤシマ工業㈱常務取締役）

初めに

新型コロナウイルスの感染が急拡大し、多くの方が在宅でお盆を迎える中、今年（２０２１年）も各所で観測史上最大となる豪雨が数日間続きました。結果として、長野、島根、広島など各所で、地滑りや河川の氾濫などの災害が発生しました。

災害大国といわれる日本ですが、毎年のように観測記録を更新する気象状況の変化が続いています。さらに、２０１１年8月に内閣府に設置された「南海トラフの巨大地震モデル検討会」は、今後30年以内の発生確率が70～80％といわれる「南海トラフ巨大地震」による被害を、地震後5年間の国と自治体の復興費用が１６２兆円に上ると見積もり、約２０９万棟余りの建物が全壊または焼失すると推定しています。

これらの災害に備えるための環境整備を進めなければならない中、わが国の少子高齢化や人口減少の進展と財政的な制約などを考えると、国・都道府県・市町村による「公助」の占める割合は今後大きく減少すると考えられます。また、その不足分を補う上で重要な役割を持つ「自助（個人や法人）」や「共助（地域コミュニティー等）」に対して、彼らの「良心」に訴えかける従来の方法は経済的に成立せず、サステナブルではありません。

「一般社団法人防災事業経済協議会（ＢＯＣＯ）」の設立

防災への意識改革「コスト（費用）からバリュー（価値）へ」が

兵庫県南部地震

発生日	1995年1月17日
最大震度	7
死者	6,434人
行方不明者	3人
負傷者	43,792人
被害総額	約10兆円
【マンション被害】	
大破	83棟
中破	108棟
小破	353棟
軽微	1,988棟

東北地方太平洋沖地震

発生日	2011年3月11日
最大震度	7
死者	19,689人
行方不明者	2,563人
負傷者	6,233人
被害総額	震災被害のみで16～25兆円
【マンション被害】	
大破	1棟
中破	15棟
小破	175棟
軽微	531棟

熊本地震

発生日	2016年4月14日・16日
最大震度	7
死者	273人
行方不明者	0人
負傷者	2,809人
被害総額	4.6兆円
【マンション被害】	
倒壊	1棟
大破	5棟
中破	46棟
小破	179棟
軽微	317棟

西日本豪雨

発生日		2018年6月28日～7月8日
総雨量	四国地方	1,800ミリ
	中部地方	1,200ミリ
	九州地方	900ミリ
	近畿地方	600ミリ
	中国地方	500ミリ
死者		263人
行方不明者		8人
負傷者		484人
床上浸水		3,121件
床下浸水		6,747件

平成30年台風21号

発生日	2018年8月28日～9月5日
最低中心気圧	915hPa
最大風速	毎秒55m
死者	14人
行方不明者	0人
負傷者	1,011人
住家被害	全壊：59棟 半壊：627棟 一部破損：85,715棟 床上浸水：64棟 床下浸水：452棟
公共建物被害	1,195棟
その他非住家被害	4,529棟

図1　近年発生した災害による被害状況

求められる中、２０１６年９月30日、東京大学の目黒公郎教授が代表理事を務める「一般社団法人防災事業経済協議会（ＢＯＣＯ）」が設立されました。防災関連企業にとどまらないさまざまな分野の企業が参加し、集うことで、優れた商品、サービス、開発力、ネットワークを融合し、個々の企業では成しえなかった防災事業の可能性を広げ、新たな防災事業計画を目指しています。

　また、社会貢献活動と経済活動が両立する仕組みを創造し、参加する各社の発展と社会の防災力の向上に貢献できる有益な団体となることを目的としています。

　当協議会では、平時の生活の質の向上を主目的とし、それがそのまま災害時にも有効活用できるモノやサービスを目指す「フェーズフリー防災」に取り組んでいますが、その下部組織に、今回ご紹介させていただく「建物防災力診断部会」が設置されています。

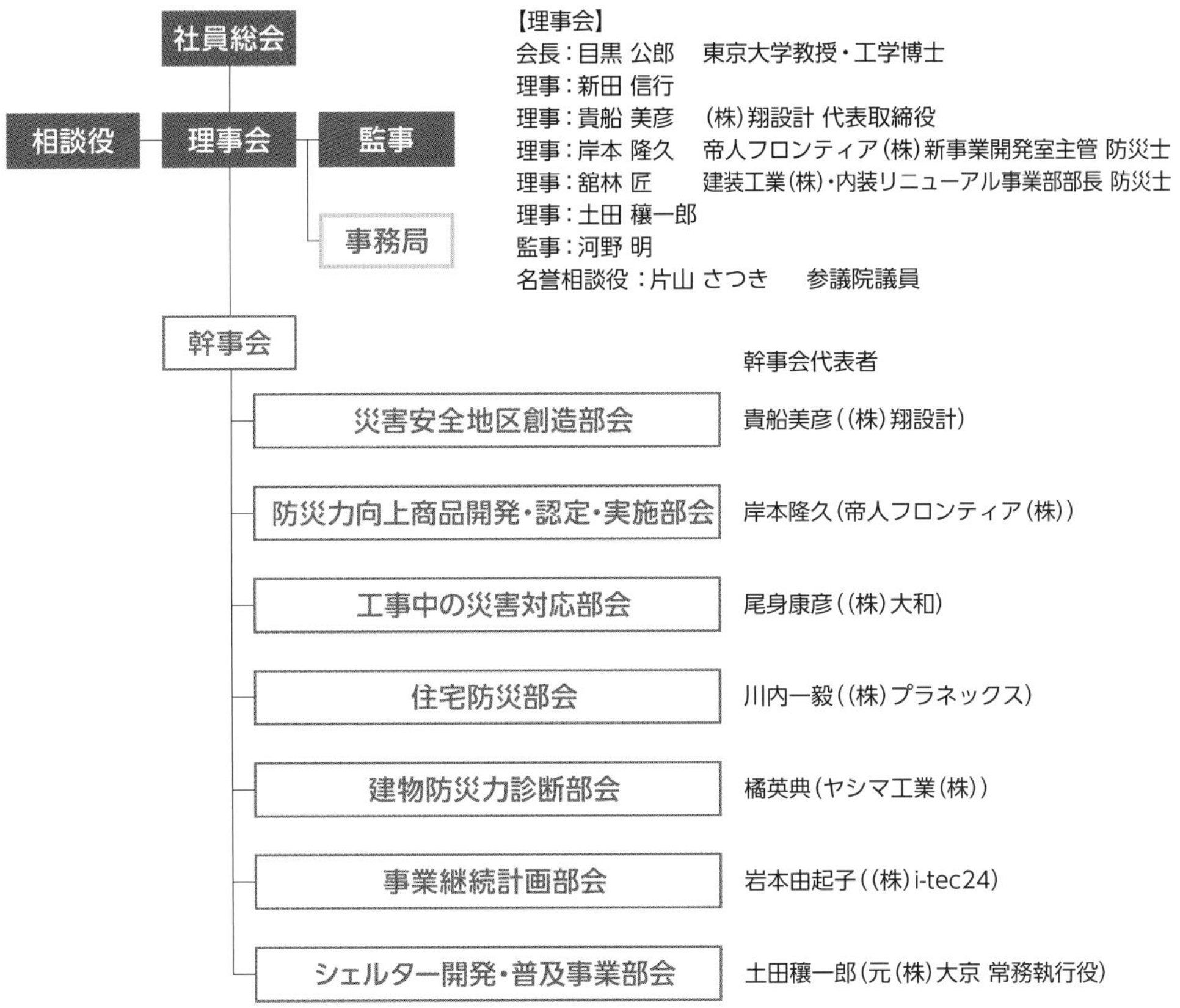

図２　BOCO組織図（2021年９月１日現在）

「ＢＯＣＯ建物防災力診断」とは

　日本の建物は、過去に発生した災害の経験を生かし、そこから学び、何度もの建築基準法の改正を繰り返し、諸外国と比べ相対的には高い防災力を持てるよう進化してきました。しかし、近年では東北地方太平洋沖地震や熊本地震、西日本豪雨、２０１９年東日本台風などが発生し、想像を超える規模の災害が発生しています。

　「ＢＯＣＯ建物防災力診断」は、これからも起こり得る災害に対して、皆さまがお住まいの建物がいかに災害に対応できるかを独自の基準で総合的に評価・可視化するものです。目的は、そこにお住まいの皆さまの防災意識を強化するとともに、建物の資産価値の維持と向上を目指すきっかけとしてい

図３　BOCO建物防災力診断 パンフレット表紙

ただくことです。

内容は、多岐にわたり、建物の構造や設備などのハード面の調査、防災マニュアルや防災訓練の実施状況などのソフト面、そしてそこに住まう方々の意識調査に基づくハート面、さらに立地条件なども考慮した上で建物の防災力の総合判断を行い、その結果のレポートを作成して報告します。

特に、マンション管理組合の皆さまにおいては、新型コロナウイルスの感染拡大で活動が消極的になりがちとなっていますが、災害はいつでも起こり得ることと捉え、この評価制度を活用していただきたいと考えています。

マンションの防災力とは

今回はマンションの事例をもとに紹介をさせていただきますが、まずは基本的なマンションの防災力を確認するため、災害に対するメリット、デメリットを考察します（築年数や設備により違いはあります）。

マンションのメリット、デメリット

メリットは、
①RCやSRC、鉄骨造であることが多いので、構造としては一般的に強い
②防災組織があるマンションでは共助が得られやすい
③断水時に貯水槽や高架水槽の水を活用できる
④大規模マンションでは自家発電装置がある場合も多い
⑤防災倉庫や備品を備えることができる

それに対しデメリットは、
①地震時に揺れる（構造と地震周期によるが、上層階ほど揺れる）
②エレベーターが止まると生活が困難になる
③逃げ場が限られる（地震時や、火災時）
④車が使えない（特に機械式駐車場の場合）
⑤理事や組合員が避難生活を送る場合、管理組合の意思決定に時間を要し応急処置や復旧に時間がかかる
⑥大規模マンションでは近隣の避難施設が受け入れてくれない場合がある
⑦停電時や通信途絶時の安否確認がしにくい
⑧氏名・家族構成・要介助者の有無等が不明な場合がある
等となります。

また、マンションにおける過去の災害事例を抽出し調査対象の建物の現状と比較します。

地震災害時の主な被害

①構造体の損壊、崩壊
②間仕切り壁の被害
③仕上げ材（タイル、コンクリート、石）の落下
④火災の発生
⑤家具などの転倒、置物の落下、ガラスの割れ
⑥高架水槽などの設備機器の倒壊、断水
⑦玄関ドアの開閉不能（出入りできない、施錠ができない等）
⑧エキスパンションジョイントの損壊による通行障害
⑨避難時の通路、階段での事故　等

豪雨、風雨、洪水時の主な被害

①漏水
②外壁部材の飛散、落下

過去の災害によるマンションの被害例

写真1
1995年兵庫県南部地震

写真2
2018年西日本豪雨

写真3
マンション火災

写真4
2016年熊本地震

③駐輪場屋根などの飛散、損壊
④床下、床上浸水
⑤駐車場への浸水
⑥電気設備、排水・貯留設備への逆流・溢水　等

共通の被害

①停電
②給排水設備の停止

こうした被害により、居住者の孤立や安否確認の困難、支援の滞りなどの発生が考えられます。

これらを踏まえ、次に災害が起きた場合の時系列での対応を整理し、備えを確認します。

マンションの災害の時系列

フェーズ0：事前準備

建物と設備の耐震性の向上、家具の固定、備蓄、規約改正、防災組織の結成、コミュニティー形成　等

フェーズ1：発生直後

生命を守る、火災対策、避難経路確保、安否確認と救出活動

フェーズ2：発生数日以降

飲料、食料の確保、ライフライン復旧確認、炊き出し等の共助、排泄物対策　等

フェーズ3：発生数カ月以降

復旧・復興へ向けた合意形成や、居住者、疎開した管理組合員との連絡手段の確立　等

このように、マンションの特質をとらえ、過去の災害事例、それぞれが適切に対応しているのか否か、いざ災害が発生した場合に、発災からの時系列での対応が可能となっているのか、などをもとに総合判断をすることによりマンションの防災力を確認します。

BOCO建物防災力診断の活用方法

本診断は、建物所有者様に診断結果を詳しく説明することにより、災害に対する建物の状態、住民意識などに関しての気付きを得ていただき、マンション防災に対する意識を高めるきっかけとして、管理組合などで活用していただけるツールです。耐震補強工事の検討や、大規模修繕工事の際に防災力向上を目的とした工事内容の検討、またソフト・ハード面では、別途防災コンサルタントとの契約締結も可能となっています。

現地調査、チェックリスト、該当地域のハザードマップを用いた検証、居住者の防災意識アンケート

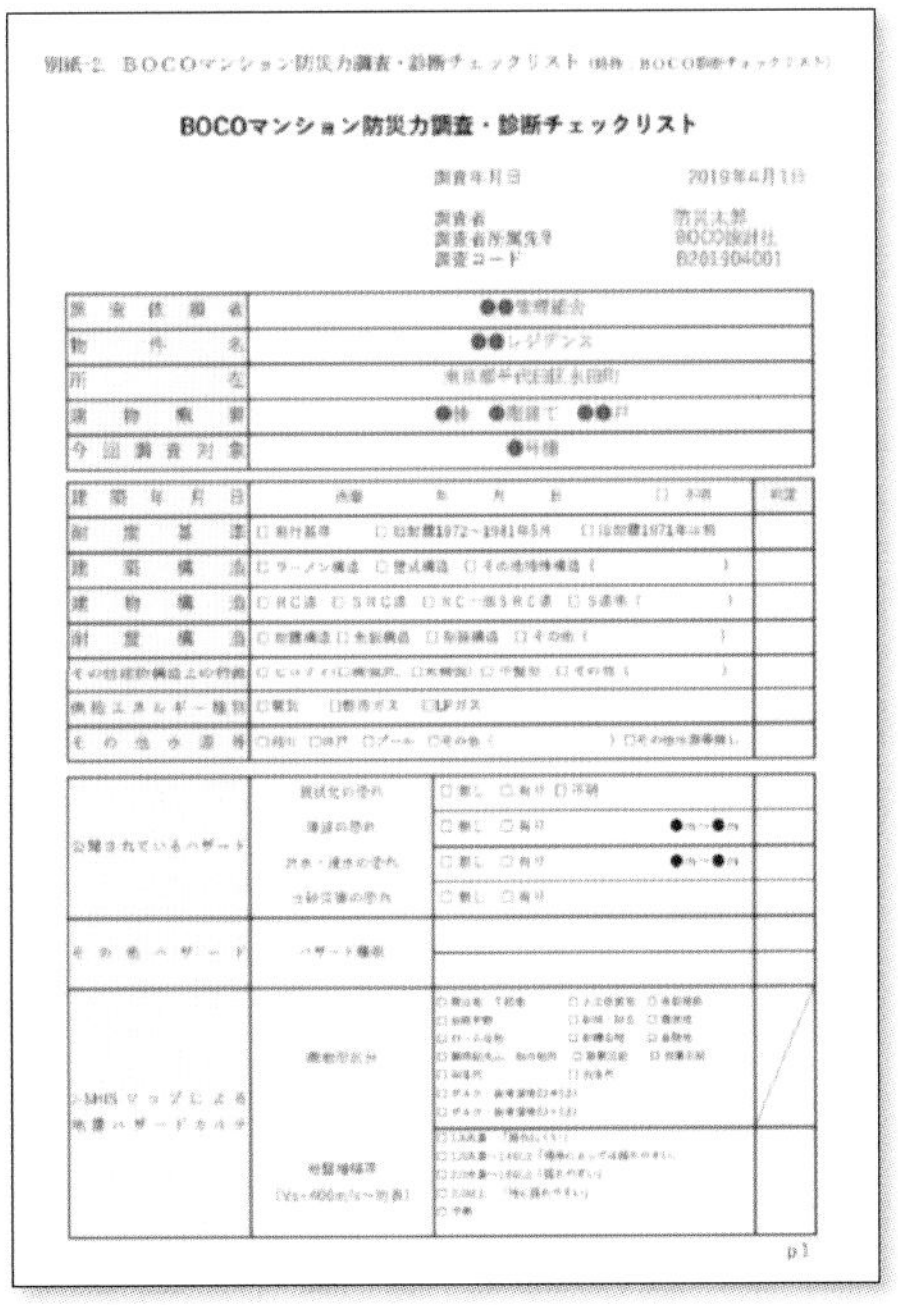

別紙-2 BOCOマンション防災力調査・診断チェックリスト

BOCOマンション防災力調査・診断チェックリスト

調査年月日　2019年4月1日
調査者　防災太郎
調査者所属先　BOCO設計社
調査コード　B201904001

調査依頼者	●●管理組合
物件名	●●レジデンス
所在	
建物概要	
今回調査対象	

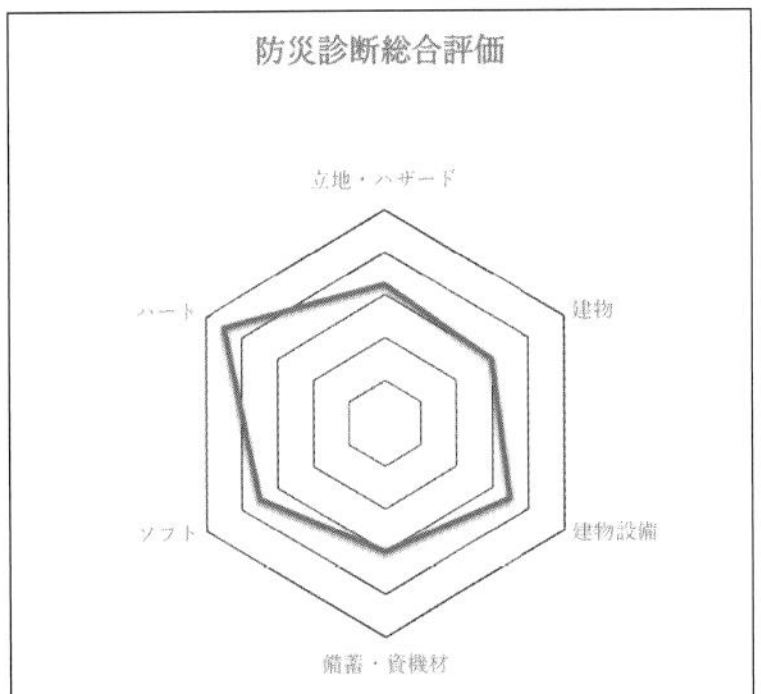

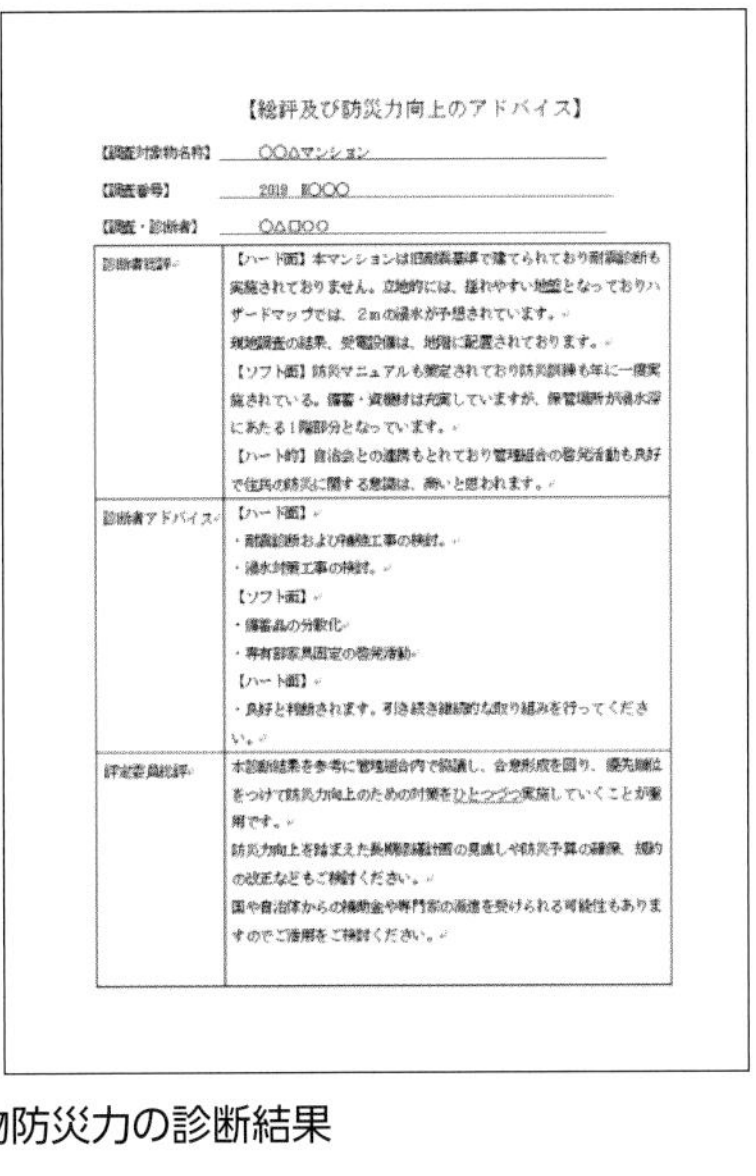

【総評及び防災力向上のアドバイス】

【調査対象物名称】○○△マンション
【調査番号】2019 B○○○
【調査・診断者】○△□○○

診断者総評	【ハード面】本マンションは旧耐震基準で建てられており耐震診断も実施されておりません。立地的には、揺れやすい地盤となっておりハザードマップでは、2mの浸水が予想されています。現地調査の結果、受電設備は、地階に配置されております。【ソフト面】防災マニュアルも策定されており防災訓練も年に一度実施されている。備蓄・資機材は充実していますが、保管場所が浸水深にあたる1階部分となっています。【ハート的】自治会との連携もとれており管理組合の啓発活動も良好で住民の防災に関する意識は、高いと思われます。
診断者アドバイス	【ハード面】・耐震診断および補強工事の検討。・浸水対策工事の検討。【ソフト面】・備蓄品の分散化・専有部家具固定の啓発活動【ハート面】・良好と判断されます。引き続き継続的な取り組みを行ってください。
評定委員総評	本診断結果を参考に管理組合内で協議し、合意形成を図り、優先順位をつけて防災力向上のための対策をひとつずつ実施していくことが重要です。防災力向上を踏まえた長期修繕計画の見直しや防災予算の確保、規約の改正などもご検討ください。国や自治体からの補助金や専門家の派遣を受けられる可能性もありますのでご活用をご検討ください。

図4～6　BOCO建物防災力の診断結果

などをもとに、マンションの防災力を簡潔にレーダーチャートで表現します。

　調査後は、依頼者様への結果報告を行い、耐震補強工事や、水害対策のご提案など、適切なアドバイスを行います。報告書は、マンション管理組合等が、災害への安心感や、合意形成を図る上で有益な資料となります。

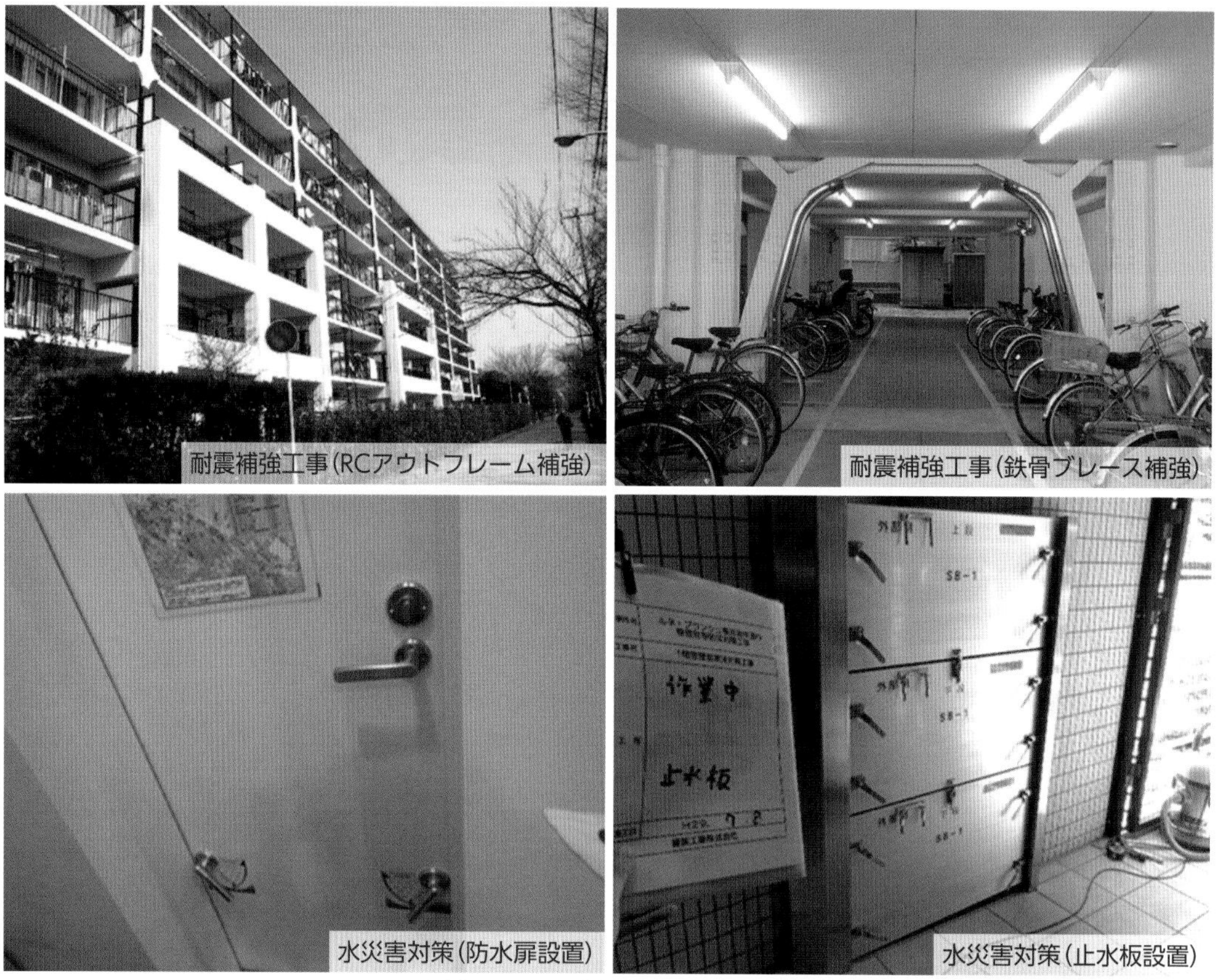
耐震補強工事（RCアウトフレーム補強）
耐震補強工事（鉄骨ブレース補強）
水災害対策（防水扉設置）
水災害対策（止水板設置）

写真５～８　防災力向上対策の例

現在、これからの取り組み（最新の災害事例と調査内容の日々の更新）

　前述の通り、今年（２０２１年）も異常気象が続き、各地で風水害が起きています。変化する気象環境に合わせて、建物防災力診断の内容も常にブラッシュアップし続けなければなりません。ＢＯＣＯ建物防災力診断部会は、今回、大雨における被災地へ赴き、建物の被害の実情を調査し、最新の調査診断内容に組み込んでいきます。また、最新の災害防止設備や従来設備のより効果的な代替品の提案などを含め、常にアップデートを繰り返してまいります。

　さらに、「新しい災害」ともいわれる新型コロナウイルスの感染対策設備を建物内に取り入れることで、在宅避難における安心もご提案していきます。非接触機器の各所への活用、エントランスでの人感センサー設置による入館者のチェックなども、マンションの建物防災力の一つと捉えています。

　近い将来においては、管理組合にもＤＸ（デジタルトランスフォーメンション）を可能にする設備を組み入れ、災害時の意思決定や、安否の確認、建物のリアルタイムな被災状況の確認などがＷＥＢ上で行われるようなシステムも組み入れることができると考えています。

　ＢＯＣＯ調査診断部会では、定期的に会合（現在はオンライン会合）を行い、活発な情報交換と改善案の立案を行っています。常に新しい情報を取り入れ、皆さまがお住まいになる建物に最善のご提案ができるよう取り組んでいきます。今回この記事を読まれてご興味を持った方は、ぜひ当協議会へお問い合わせください。

写真９　非接触キー
©MIWA LOCK

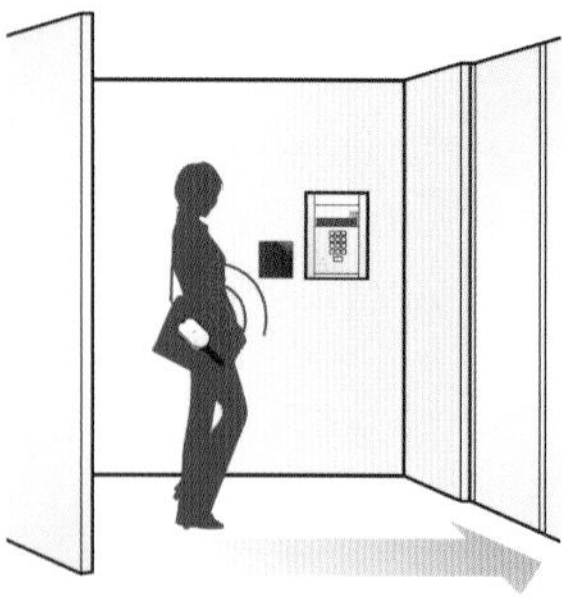
写真10　ハンズフリーキー
©MIWA LOCK

現在のBOCOの取り組みに関して

「千駄ヶ谷を日本一災害に強い街にする会」が発起

2021年6月28日、BOCO下部組織の災害安全地区創造部会（部会長：貴船美彦）のプロジェクトチームが中心となり、「千駄ヶ谷を日本一災害に強い街にする会　SAFETY TOWN SENDAGAYA」の発足式を開催しました。ここでは、民間企業が地域と連携し、地域の防災力を高めることで千駄ヶ谷の街のブランド力やエリアの価値を高め、これを地域の経済活動の活性化につなげていくことを目的とする方針が示されました。

当日は、千駄ヶ谷にある鳩の杜神社の能楽堂をお借りし、BOCO代表理事の目黒公郎教授をはじめ、千駄ヶ谷地区町会連合会の山本昭会長、千駄ヶ谷大通り商店街振興組合の牛久保理事長より、期待や意気込みを込めたあいさつをいただきました。また、BOCO名誉相談役である片山さつき参議院議員も応援に駆けつけ、盛大に発起式が取り行われました。

写真11　SAFETY TOWN SENDAGAYA 案内ポスター

写真12・13　SAFETY TOWN SENDAGAYA発足式の様子

私ども一般社団法人防災事業経済協議会では、多くの方が「建物防災力診断」を取り入れることで、お住まいの建物の価値を高めていくことを祈念し、活動を行っております。

今回ご紹介しました「SAFETY TOWN SENDAGAYA」では、千駄ヶ谷地区において「千駄ヶ谷を日本一災害に強い街にする」というキャッチフレーズのもと、街ぐるみで防災力向上を図る活動を行っております。「建物防災力診断」は、それらの基礎となるものです。

本診断は、一般社団法人防災事業経済協議会に加盟する40数社に及ぶ企業の力を総合して作成されており、必ずや皆様のお役に立つことと思います。

防災への取り組みを進める活動の一環として「建物防災力診断」をお勧めいたします。なにとぞご検討いただきますようよろしくお願いいたします。

一般社団法人防災事業経済協議会（BOCO）
理事　貴船美彦（株式会社翔設計　代表）

図7　「千駄ヶ谷を日本一災害に強い街にする会」会長あいさつ

イベントスケジュール	2021年11月28日(日) BOCOイベント（場所：千駄谷小学校）

お問い合わせ

Bosai Boco
一般社団法人
防災事業経済協議会
事務局

〒151-0051 渋谷区千駄ヶ谷4-24-15
鈴福ビル 株式会社翔設計内
☎03-5410-2526　FAX 03-5410-2560
E-mail：info@boco.or.jp

災害特集

ウィズコロナ時代のマンション生活と管理組合運営

一般社団法人 マンションライフ継続支援協会

1. はじめに

　日本でマンション（区分所有された中高層共同住宅）が普及し始めたのは１９６０年代。１９６４年の東京オリンピックに向けて都市整備や再開発が進められている頃で、１９６２年にマンションの権利関係について定めた区分所有法が民法の特別法として制定されたこともあり、マンション供給に弾みが付きました。

　それまでは、鉄筋コンクリート造の中高層共同住宅は１９２３年に発生した関東大震災からの復興のために建設された同潤会アパートや、戦後の住宅不足を解決するために建設された公営住宅等がありましたが、いずれも賃貸住宅で、敷地や建物全体を所有者全員で共有し、個々の住戸を区分所有するマンションではありませんでした。

　マンションと公営住宅等の賃貸住宅はハードとしての建物は同じですが、所有形態と管理運営の仕組みは全く違います。しかし、このことは区分所有法が制定されてから約60年が経過し、全国民の１割、東京23区の住民の３割がマンションの生活者である現在（**図1**）でも、区分所有者や居住者に必ずしも十分に理解されているとはいえません。

　現在、一部の高経年マンション等について管理不全が問題となっています。区分所有者の共同の利益の実現を目的とするマンションの管理運営等の仕組みが十分に理解されないまま、築年数の経過による建物・設備の老朽化と、管理の主体である区分所有者の高齢化が進むことで、管理組合が機能不全に陥るマンションが現れ始めているからです。

　管理不全の状態が続けば、日頃のマンション生活や維持管理はもちろん、当面するコロナ禍や今後も発生が危惧される新たな感染症への対応、地震や風水害等の自然災害への対策、さらに地球温暖化を防ぐための脱炭素という新しい課題にも対応できません。

　築年数の経過と区分所有者・居住者の高齢化に伴う建物と人の「2つの老い」に対処しつつ、新たな社会・経済環境に対応し、安全で快適なマンション生活の実現と、区分所有者の貴重な資産を守るために何が必要か、これからの時代のマンション生活と管理についての考え方と、具体的な対応方法を中心に考えることにします。

2. マンションを取り巻く課題

マンションの基本的な特徴――「自宅であるとともに公共的空間」

　日本でコンクリート造の区分所有された中高層共同住宅であるマンションが登場して60年。現在では全国に約６７５・３万戸、人口の10％強が生活しており、東京23区では約30％の人がマンション生活者で、各政令市でも多くの人がマンションで暮らしています。マンションは当初「庭付き一戸建て」をゴールとする住宅すごろくの中間段階の住まいと考えられていました。永住するつもりがない仮の住まいだから、管理についても日常的な清掃等のイメージで捉えることが多く、長期的な視点での修

●現在のマンションストック総数は、約675.3万戸（令和２年末時点）。
●これに平成27年国勢調査による１世帯当たり平均人員2.33を掛けると約1,573万人となり、国民の１割超が居住している推計となる。

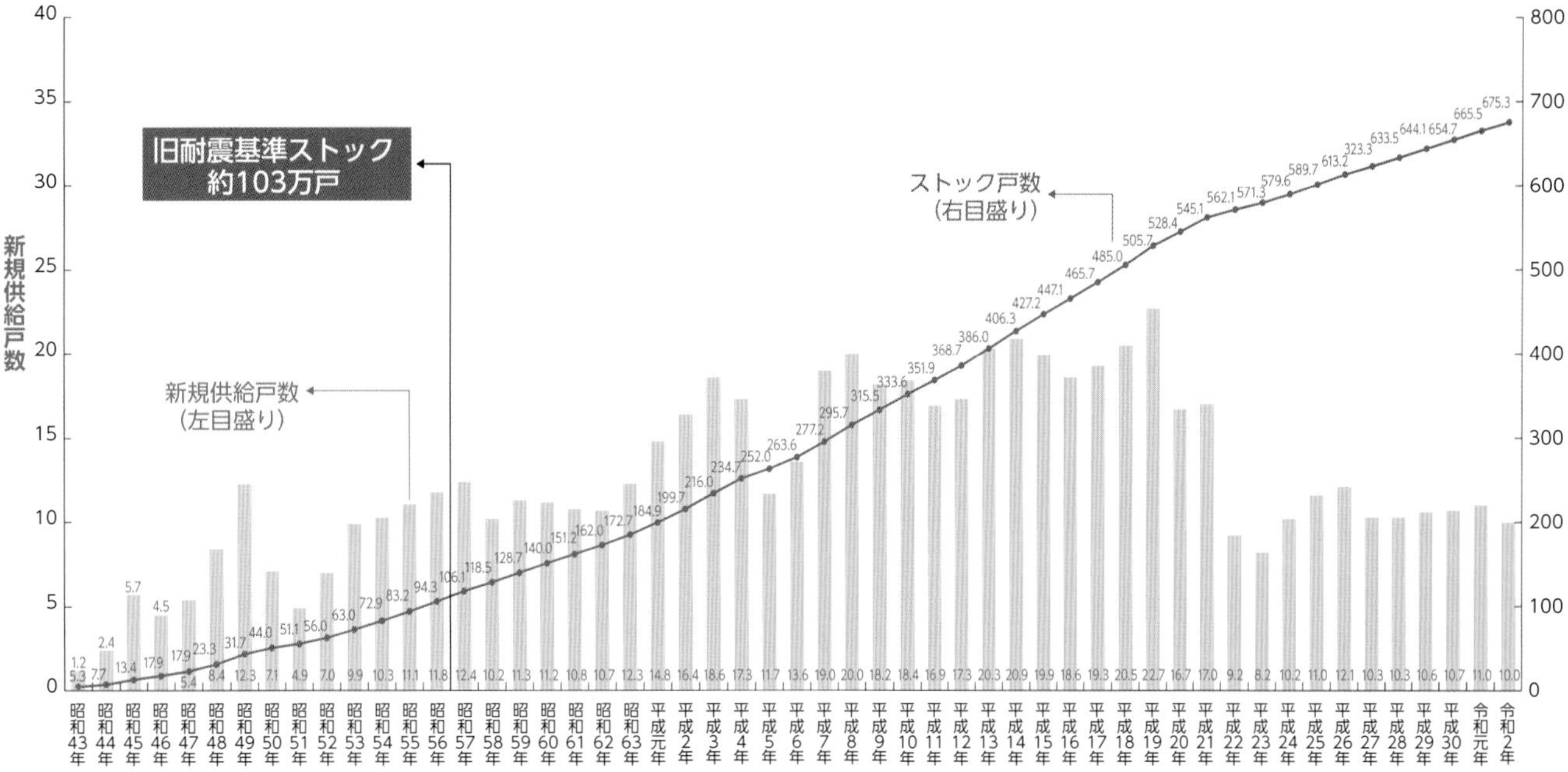

※１．新規供給戸数は、建築着工統計等を基に推計した。　２．ストック戸数は、新規供給戸数の累積等を基に、各年末時点の戸数を推計した。　３．ここでのマンションとは、中高層（３階建て以上）・分譲・共同建で、鉄筋コンクリート、鉄骨鉄筋コンクリート又は鉄骨造の住宅をいう。　４．昭和４３年以前の分譲マンションの戸数は、国土交通省が把握している公団・公社住宅の戸数を基に推計した戸数。

図１　分譲マンションストック戸数（2020年末現在／2021年6月21日更新）

出典：国土交通省　https://www.mlit.go.jp/jutakukentiku/house/content/001410084.pdf

繕や改修等をするといった発想は乏しかったのです。

国土交通省が１９８２年に初めて作成した中高層共同住宅標準管理規約では、長期修繕計画を管理組合の業務として位置付けていませんでした。長期修繕計画が管理組合業務として標準管理規約に位置付けられたのは１９９７年の改正時で、マンションが普及し始めて30年以上経過してからのことでした。

現在では長期修繕計画と計画修繕についての理解は進みましたが、マンション管理の本質が戸建住宅とは全く違う、共同の利益を実現するための社会的システムであることは、依然としてあまり理解されていません。

例えば、新型コロナウイルス感染症との関係で言えば、戸建て住宅の場合は、自宅と道路等の公共空間は明確に区分されているから外出中はマスクを着用しますが、自宅内での着用は各自の判断に委ねられています。ところがマンションの場合は、帰宅しエントランスを入った時点ではまだマスクを外すことはできません。自分の住戸のドア内に入って初めて外すことができるのです。

マンションで感染対策を考えるためには、「自宅であるとともに公共的空間」というマンションの基本的性格を再認識することが出発点になります。感染症対策に限らず、マンションで居住者全員が安全快適に生活をするためには、「自宅であるとともに公共的空間」を管理運営するための一定のマナーやルールを自分たちで作り、それを守ることが不可欠な前提であることを理解する必要があるのです。

マンションのエントランス、エレベーター、共用廊下等は、自宅の一部であっても公共空間に準じる場所ですが、このことはマンション生活と管理のイロハであるにもかかわらず、日常生活の中ではとかく忘れがちです。大規模マンションにはパーティールームやプール等もありますが、共同住宅としてのスケールメリットを生かしてこうした施設を共有しているわけで、区分所有者全員で構成する団体である管理組合が管理責任を負っています。

現在、高経年マンションを中心に管理不全等をはじめさまざまな問題が生じていますが、その根底にあるのも社会システムとしてのマンションの基本的な性格が理解されないまま普及したことです。

マンションと並んで現代の都市生活を代表する存在である自動車の場合、日本でマイカーが普及し始めた頃には「走る凶器」と言われたことがあります。自動車の整備、運転等のルールやマナーが徹底しないため、交通事故が多発したからです。現在では、自動車を「走る凶器」と言う人はいません。機械としての自動車の仕組み、日常点検や整備、運転実技、交通法規等が周知されているからです。

居住の場であるマンションには、入居のための教習、試験、免許等はなじみませんが、設備機器の仕組みや区分所有法等に基づく管理システム、修繕積立金や計画修繕工事等によるメンテナンス等、所有前、入居前に知らなければならない多くのことがあります。これらを身に付けた者が、マンションを所有し居住していることを前提に管理運営されているにもかかわらず、実際には管理の仕組みをほとんど理解しないままマンションを取得し居住する人が多いのです。建前と現実との間には大きな乖離があります。

こうした矛盾が顕著に現れるのは、大地震等の災害が発生したときです。地震でマンションも被災しますが、木造戸建住宅等に比べて堅固な建物だけに一見すると大きな被害がないようでも、躯体が致命的な損傷を受けていることがあります。マンションが被災した場合、被害の程度にかかわらず、区分所有法や被災マンション法に基づき管理組合で区分所有者が協議し、自分たちで復旧・復興をしなければなりません。地震が発生したときの命を守るための行動だけでなく、その後の被災生活や復旧・復興についても理解していないと、資産を守るという共同の利益を実現することができないことになります。

マンションがさまざまな課題に直面する中で、区分所有者の共同の利益が脅かされる可能性も増えてくるため、今後管理組合の役割はますます大きなものになります。

マンションが直面する課題と管理組合の役割

日本が超高齢社会であることと、マンションに永住したいと考える人が多数を占めていることを踏まえ、マンションを都市における生涯居住の場として明確に位置付けることが必要です。今後供給されるマンションは、少なくとも60年間、できれば１００年間居住することを前提に計画される必要があります。既存のマンションも築年数に応じて、それぞれ築後１００年程度まで生活することを目指して長期的なビジョンや計画を作り、改修等をすることが望ましいです。管理組合が取り組む課題についても、10年程度先までの当面の課題、30年程度先までの中期的な課題、その先を展望する長期的課題に分けて考える必要があります。

当面の課題は、建物・設備だけでなく管理組合の仕組みを含めマンション全体の枠組みを長期居住、生涯居住をするためのものに変えることです。例えば、これまでの長期修繕計画を、長期居住を前提とする修繕・改善・改良計画に作り直すこと、修繕積立金も新しい計画に対応して名称を変えるとともに、積立金額を改定することも必要になります。金額の改定は、急激な引き上げを緩和するために10年程度かけて段階的に引き上げることになる可能性があります。おそらく当初の数年は、管理組合の枠組みを長期居住の場であるのを前提とする合意形成に費やすことになるかもしれません。しかし、マンション居住を定着させるためにはこうした取り組みを避けるべきではありません。

２０２１年は東日本大震災から10年の節目の年ですが、想定される首都直下地震や南海トラフ巨大地震の切迫度や被害予測に比べ、マンションの災害対策は進んでいません。防災訓練等は形式化し、防災組織が編成されていないマンションも多いのが現状です。

地震だけでなく、地球温暖化の影響で日本列島に接近する大型台風の増加等、風水害の被害も拡大しているにもかかわらず、東日本大震災後に行われた災害対策基本法改正の「目玉」の一つである地区防災計画も、策定しているマンションは少ないです。災害発生時の当初は公助力を木造密集地帯等の被害が大きいところに集中投下する必要があるだけに、マンションは自立対応ができるように防災力を強化しなくてはなりません。

１９８１年6月以前に建築確認を取得した旧耐震マンションの耐震補強等も進んでおらず、高経年マンションを永住の場とするための長寿命化等と併せて耐震化も急がなければなりません。

こうした幅広い課題に取り組む管理組合とはどのような組織なのか、改めて確認しておきましょう。

管理組合について、区分所有法第3条は「区分所有者は、全員で、建物並びにその敷地及び附属施設の管理を行うための団体を構成し、この法律の定めるところにより、集会を開き、規約を定め、及び管理者を置くことができる。」と規定しています。少し回りくどいですが、この条文の意味を分かりやすく表現すると以下のようになります。

①区分所有建物には、建物ならびにその敷地および附属施設の管理を行うために、区分所有者全員で構成する団体が存在する。

②この団体は、区分所有建物が存在すれば、特別な設立手続き等をしなくても当然に存在する。またこの団体は、区分所有建物が存在しなくなれば、解散手続き等をしなくても存在しない。

③この団体は、区分所有者の意思で集会を開き、規約を定め、管理者を置くことができる。

また、管理組合が管理規約を作成・変更する際の参考になるよう、国土交通省が作成したマンション標準管理規約は、第6条で「区分所有者は、区分所有法第3条に定める建物並びにその敷地及び附属施設の管理を行うための団体として、第1条に定める目的を達成するため、区分所有者全員をもって○○マンション管理組合（以下「管理組合」という。）を構成する」とし、以降の各条項で集会（管理組合総会）、規約（管理規約）、管理者（管理組合理事長等）について定めています。

管理組合の業務については、同規約の第32条で15項目の業務を列挙し、第33条で「管理組合は、第32条に定める業務の全部又は一部を、マンション管理業者等第三者に委託し、又は請け負わせて執行することができる」としています。

以上が、管理組合の基本的な骨格です。

区分所有者の全員参加を目指して

現在、一部の高経年マンションは建物の老朽化と区分所有者の高齢化という「2つの老い」等により、管理組合の機能低下、つまり管理不全に陥っています。高経年マンションは管理不全を防ぎながら、マンションの長寿命化、建替え、敷地売却等の再生に取り組むとともに、新型コロナウイルス感染症への対策、地震や風水害等の自然災害への備え、さらには管理組合運営のデジタル化、地球温暖化対策といった新たな課題にも取り組む必要があるのです。

これらの課題を区分所有者の共同の利益を守る視点で解決するためには、管理組合の役割を改めて理解し、多数の区分所有者の参加を促すことで、マンションの進む方向を示す長期的なビジョンを共有することが望ましいです。それと同時に、多面的に広がる諸課題を実務的に解決するために、第三者の専門家が管理組合運営に参画することも必要です。

今後、第三者の専門家による関与は広く行われると思いますが、その場合も区分所有者が管理組合の主体としてさまざまな課題を理解し、長期的なビジョン等を共有する状態を維持することが必要となります。

3. マンションの感染症対策

感染症対策はこれからのマンションの必須課題

新型コロナウイルス感染症が1年以上にわたり全世界で猛威をふるい続け、多くの人が死亡したことにより、私たちは感染症の恐ろしさを実感しました。人類と感染症の関わりの歴史は古く、中世ヨーロッパではペストで人口の3分の1が失われたといいます。日本でも、天然痘、コレラ、赤痢等の流行がたびたび発生し多くの人が死亡しており、京都の祇園祭は、平安時代に疫病が流行した際に厄災の除去を祈ったことに由来しています。近代では1918年から世界中で5億人以上が感染し、死者が2，000万人とも4，000万人ともいわれるスペイン風邪の流行もありました。

しかし、ワクチンの開発や抗生物質の発見により、感染症の予防・治療方法が飛躍的に進歩したことで、感染症への警戒心は低下してきました。

マンションの建物・設備や管理運営、生活のマナー・ルール等においては、感染症についてほとんど触れられないまま現在まできました。しかし、新型コロナウイルス感染症の流行が終息しても再び新たな感染症の問題が発生する可能性があり、感染症対策は地震や水害といった自然災害対策と同様に、これからのマンションの生活・管理の「必須課題」であるといえます。

マンションは感染リスクが大きい

新型コロナウイルス感染症のまん延は、社会経済生活全体に大きな影響を与え、これまでのライフスタイルの変更も迫られています。都市の主要な居住形態であるマンションの生活や維持管理についても、新たな発想による感染症対策が求められているのです。

マンションは、開口部が少ない同じ建物で、多くの人がエントランス、廊下、エレベーター等の共用施設を利用して生活しています。土地を高度有効利用して建設されたマンションは、建物の仕組み上どうしても密閉、密集、密接の「3密」になりやすいものです。感染症対策に不可欠な換気についても、窓や開口部の位置によっては風通しが悪く、十分に空気が入れ替わらないこともあります。内廊下型のマンションの場合、空調設備はあっても空気が循環するだけで外部の空気が取り入れられない、また超高層マンションでは危険防止のため住戸の窓を大きく開けられないこともあります。

また、香港の集合住宅「アモイガーデンズ」において過去に発生したSARSの集団感染では、下水道配管を通じて感染が拡大したと考えられています。

このように建物・設備等のハード面で、マンションは戸建て住宅に比べ感染症対策上のハンディを背負っていることは否めません。

加えて、マンションは区分所有者全員で構成する管理組合が、総会や理事会等の機関による協議に基づき管理運営する必要があり、制度上も人と人が接触する機会が多くなります。このように、マンションはハードとソフトの両面で新型コロナウイルス感染症による感染リスクが大きくなります。

感染症に強いマンションの衛生対策

従来、マンションにおいては病害虫対策や下水道の衛生管理、ごみ廃棄対策など一般的な衛生管理は行われてきました。しかし、新型コロナウイルス感染症のように感染力が強く、重症化し、死亡者も多い感染症のまん延に対する対策はあまり取られてきませんでした。災害対策においても、地震、風水害、火災等の対策が主で、感染症についてはさほど考えられてこなかったといえます。今回の新型コロナウイルス感染症の流行は、このような従来の対策の修正を迫るものと考えられます。

マンションにおける感染症対策を考える場合、対象の感染症がどのような感染経路をたどるものであるかを考えておく必要があります。

①飛沫感染

新型コロナウイルス感染症の場合、最も危険なのは「飛沫感染」である。感染者が咳やくしゃみをすることにより、唾や飛沫が飛散し、近くにいる健康な人がそれを吸い込み感染する。ただし、2m以上離れると感染リスクは低くなる。また、感染者がマスクをすることで飛散する飛沫は少なくなり、健康な人がマスクをすることで飛沫を吸い込む量が低減され、予防に寄与する。

②接触感染

感染者からの飛沫が物に付着し、それを触った人が感染するのが「接触感染」である。手などに付着したウイルスが、その後口などに入り感染する。このケースでは、感染者が接触したと思われる場所を消毒したり、正しい手洗い、手指消毒をしたりすることでリスクは低くなる。新型コロナウイルス感染症で喫煙者の感染リスクが高いのは、汚染された指でタバコを取り出し、それを口に持っていくため、ということが分かっている。

③空気感染

ウイルスが空気中に浮遊し、それを吸い込むことで起こるのが「空気感染」である。麻疹などは皮膚から空気中にウイルスが放散され、患者と同じ部屋にいただけで感染するという本格的な空気感染を起こす。新型コロナウイルス感染症の場合はそこまで強くないが、飛沫がより細かいミストとなり、空気中を漂い空気感染的経路をたどるといわれている。

④血液感染

血液が傷口や粘膜に付着することで起きるのが「血液感染」である。新型コロナウイルスは血液中に存在し、川崎病に似た血管病変を起こす例が報告されており、感染者の血液に触れるのは避けた方がよい。

⑤ベクター感染

病原体をある宿主から他の宿主へ運ぶことで感染症を媒介する生物のことをベクターという。新型コロナウイルス感染症では、虫や小動物を介する感染は報告されていない。また、ヒトからイヌなどペットが感染した例は報告されているが、ペットからヒトへの感染も報告されていない。

マンションにおける感染経路

新型コロナウイルス感染症に限らず、主要な感染症の感染経路を想定し、対策を講じる必要があります。

(1)ヒトヒト感染を起こす感染症

まず、感染した住人からの他の居住者への感染を想定する必要があります。これは単純な飛沫感染、接触感染だけでなく、下水配管を通じた感染や、共用部分の空調による感染も想定すべきです。また、汚染した飲食物の持ち込みも想定されます。常在病原体の繁殖もあり、これは温水プールや大浴場のあるマンションでレジオネラ菌が繁殖するケースが当てはまりますが、塩素消毒やひんぱんな清掃の励行が必要となります。

一方、悪意を持って病原体を受水槽等に入れる場合もあることも留意しておく必要があります。いったん侵入を許すと被害が大きいため、容易に立ち入れない施錠等の対策が必要です。

(2)ベクター感染する感染症

動物や虫からの感染が起こり得ることも想定する必要があります。病原体を持ったペットのケースでは狂犬病が有名ですが、イヌの飼い主に対しては予防接種が義務付けられています。

また、人畜共通感染症にも留意すべきです。わが国で見られるペット等の人畜共通感染症は約50種類あるといわれ、主にインコが持つオウム病、ネコのふんから伝染するトキソプラズマ症等が知られ、同居する子どもや高齢者だけでなく、健康な人にも感染することがあります。マンションにおいてはネコやイヌ等を登録制にしていることが多いですが、感染症の視点から考えると鳥や小動物も考慮し、住民への啓発を図るべきです。

また、ハトやカラス等が鳥インフルエンザを持ち込む危険性があります。鳥インフルエンザは渡り鳥が持ち込み、常住するハトやカラス等に感染します。バルコニー等の鳥のふんを清掃する際には、マスクや手袋をするなどの対応が求められます。

病原体を持った昆虫としては蚊が主に想定され、従来日本脳炎対策としてボウフラ撲滅等の対策が取られてきました。また、近年の温暖化に伴いマラリアやデング熱の国内での流行が危惧されていますが、マラリアは従来の日本脳炎の対策で防止できます。一方、デング熱を媒介する蚊は日本脳炎やマラリアと異なり、よどんだ汚水ではなくきれいな水で繁殖するため、シンガポールのような上水道が完備した都市部でもまん延しています。日本で発生した場合、マンションでは上水道の漏出を防止し、降雨後の雨水の停留がないように留意する必要があります。

なお、ゴキブリは嫌がられるため元々駆除の対象でしたが、従来は媒介する感染症は特に知られていませんでした。しかしＳＡＲＳ流行の際に、下水排管を通るゴキブリがウイルスを運ぶ例があることが知られ、新型コロナウイルス感染症でも同様の危険性があることから、従来にも増して駆除の徹底が求められます。

病原体を持った小動物対策としてはネズミの駆除が行われていますが、ネズミもゴキブリ同様、下水排管からウイルスを持ち込む危険性が否定できません。

新型コロナウイルス感染症におけるリスクマネジメント

新型コロナウイルス感染症におけるリスクマネジメントは、一次予防から三次予防に分けられます。

①一次予防

●マンションの居住者や出入りする人の中に感染者が「必ずいる」

と想定し対策を講じる。

●新型コロナウイルス感染症の場合は、マンション居住者に毎日の検温、居住住戸外に出る際のマスク着用、帰宅時の手指消毒を義務付ける。

●集会時には検温、マスク着用、手指消毒と記録を義務付ける。

●出入り業者等についても同様の対策をするのが望ましいが、短時間で用事が済む業者の場合は手続きの煩雑さを考慮し、少なくとも来た時間、氏名、連絡先を記録する仕組みが必要である。

②二次予防（感染者が判明した場合の早期対応）

●登録した名簿等でその時間帯に接触した濃厚接触者を特定し、早期に連絡する仕組みを作っておく必要がある。

●一次予防で作成する名簿には、滞在時間と連絡先電話番号（携帯電話が望ましい）が必須となる。

●感染者が通った通路やエレベーター、立ち回り先は当面封鎖する。

③三次予防（感染者が判明した後の復旧、再感染防止策）

●まず感染者が通った共用部分や立ち寄り先を消毒し、居住者の二次感染を防止する。

●感染拡大があった場合、どこに対策の漏れがあったか検討し、次の対策に生かす必要がある。

●今回の新型コロナウイルス感染症における医療機関のクラスターでは、事務用品・事務機器の共用による感染拡大が明らかになっている。

●訪問者等が使用する筆記用具は共用を避け、基本的に本人が所有する筆記用具を使ってもらうようにすべきである。

新型コロナウイルス感染症のこれから

今回の新型コロナウイルス感染症が近いうちに終息するのであれば喜ばしいのですが、ワクチン接種が進んだとしても一気に終息には向わないかもしれないという状況になってきています。従って、しばらく自粛して外出を控えていればいいというものではなく、また日本だけでなく世界の人々に新しい生活様式を迫る可能性が考えらます。

マンションにおいても、怖いから管理組合の集会や居住者の集会を開催しないという対応では、短期的にはなんとかなっても長期的には支障が出てきます。WEB会議などITを活用する方法もありますが、ITリテラシーの格差も考慮すべきです。

現時点では、新型コロナウイルス感染症についての知見はまだ十分に得られてはおらず、未解明の部分が多いです。今後は、新型コロナウイルス感染症についての正しい情報を収集し、正しく理解し、リスク対応を考慮して、新しいマンション生活の在り方を模索することになります。

マンションにおける新型コロナウイルス感染症への具体的な対策

⑴換気

マンションの特徴の一つとして気密性が高いことが挙げられますが、新型コロナウイルス感染症対策としては換気が重要です。換気が重視されるようになったのは、シックハウス症候群が社会問題になったことを契機に建築基準法が改正された2003年7月以降のことです。法改正以降に建築確認を受けた住宅（マンションを含む）は24時間換気設備の設置が義務付けられていますが、法改正前に建築確認を受けたマンションは24時間換気システムが採用されていない可能性があります。自分たちのマンションがいつ建築確認を受けているか、確かめたいものです。

エアコンを設置しているから換気ができるという誤解もありますが、通常のエアコンには換気機能が付いていないものが多いです。24時間換気システムが採用されていない場合には、できるだけ離れたところにある2つの窓を定期的に開けて、風の通り道を作り換気をする必要がありますが、この際キッチンの換気扇も併用すれば他の部屋の空気も入れ替えることができます。

マンションの場合、感染防止のためには各住戸内だけでなく、多数の居住者が利用するエントランスホール、廊下等の共用部分の換気が特に重要です。換気システムの有無、性能等を管理組合で確かめて、換気が不十分なときは新たな設備の導入や換気口の設置等の対策を検討し、管理組合総会で決定する必要があります。

(2) 3密を避けソーシャルディスタンスを取る

密閉、密集、密接の3密を避けるように気を付け、エレベーターに乗る時は定員の3分の1程度にし、エントランスホールや共用廊下の窓を開けるなど換気に努めます。オートロックドアが換気の妨げになる時は、不審者が侵入しないように注意しながら、時々ドアを開けて空気を入れ替えましょう。会話をするときや会議をするときは、お互いに2メートル程度の距離を取り、居住者が清掃等の共同作業をするときも同じように間隔を取ります。マンション生活ではお互いのコミュニケーションが大切です。マンションの状態に応じて、感染防止と居住者の相互理解を深めることを両立させるための創意、工夫をしましょう。

(3) 消毒

管理会社との業務委託契約には、感染症についての消毒は通常含まれていません。また、管理会社によっては新型コロナウイルス感染症の感染者が出たマンションの管理業務を縮小するところもあります。マンションの消毒は管理組合等が行うことになると考え、準備することが望ましいです。

厚生労働省・経済産業省・消費者庁のホームページの「新型コロナウイルスの消毒・除菌方法について」が参考になるので、一部を転載します。

【「消毒」と「除菌」について】

- 「消毒」は、菌やウイルスを無毒化することです。「薬機法」※に基づき、厚生労働大臣が品質・有効性・安全性を確認した「医薬品・医薬部外品」の製品に記されています。
- 「除菌」は、菌やウイルスの数を減らすことです。「医薬品・医薬部外品」以外の製品に記されることが多いようです。「消毒」の語は使いませんが、実際には細菌やウイルスを無毒化できる製品もあります（一部の洗剤や漂白剤など）。
- なお、「医薬品・医薬部外品」の「消毒剤」であっても、それ以外の「除菌剤」であっても、全ての菌やウイルスに効果があるわけではなく、新型コロナウイルスに有効な製品は一部であることに注意が必要です。
- また、手指など人体に用いる場合は、品質・有効性・人体への安全性が確認された「医薬品・医薬部外品」（「医薬品」「医薬部外品」との表示のあるもの）を使用してください。

※医薬品、医療機器等の品質、有効性及び安全性の確保等に関する法律

出典：https://www.mhlw.go.jp/stf/seisaku nitsuite/bunya/syoudoku_00001.html

(4) ごみ処理

廃棄物処理における新型コロナウイルス感染症に係る感染症対策について、環境省は「廃棄物処理における新型インフルエンザ対策ガイドライン」に準拠し、安全かつ安定的に行うことを求めています。ガイドラインでは、一般家庭等から出される廃棄物について次のように記載しています。

一般家庭等から出される廃棄物について

家庭や事業所からは、新型インフルエンザの感染者が使用したマスクやティッシュ等の呼吸器系分泌物が付着した廃棄物が排出され、これらは、市町村の処理責任のもと、一般廃棄物として処理されることになる。これらの廃棄物は、ゴミ袋等に入れ封をして排出するなど、通常のインフルエンザの感染に伴い家庭等から排出される廃棄物と同様の取扱い方法で適正に処理されれば、廃棄物を媒体とした新たな感染をもたらすおそれはないと考えられる。

出典：https://www.env.go.jp/recycle/misc/new-flu/

横浜市は、「使用済みのマスク・ティッシュについては、透明または半透明のビニール袋等に入れ、しっかり縛って封をした上で、燃やせるごみの指定収集袋に入れてお出しください。」としています。

4. 新しい生活様式に対応する管理組合運営

WEB等で管理組合の会議を行う

感染防止のため管理組合総会や理事会の開催を控えてきたマンションも多いですが、管理組合の機能を全て止めるわけにはいきません。総会や理事会で協議する必要もあります。会場を換気し席を離すといった感染防止策を徹底し、

議決権行使書や委任状を活用して会議を開く方法もありますが、この機会にデジタル化に取り組みたいものです。総会時などにＷＥＢ配信を併用すれば、実際に会場に来る人を減らしつつ、区分所有者の出席の権利を保障することができます。テレワークでＷＥＢ会議に慣れてきた人も増えている今だからこそ、前向きに考えたいところです。

マンションの内外を見直す

在宅勤務やテレワークが定着し、マンションにいる時間が増えた人もいます。普段いなかった時間に在宅となることで騒音に気付きトラブルになったり、おうち時間が増えることでごみが増加したり、思わぬ問題が出てきています。これまで建物や設備の状態に目を向ける余裕がなかった人がこの機会にマンションの状態を見ると、問題点や改善したい点が見つかることも多いです。管理費等の使い方を見直すことも含め、生活の場であるとともに資産であるマンションを守り、将来のことも考える機会にしたいものです。

高齢者等に配慮する

外出を控え自宅にいることが多いと運動不足になります。特に高齢者の場合は足腰が弱り、認知症になるリスクも増え、コロナ禍の間に要介護度が一気に上がった人も多いです。単身高齢者や高齢夫婦だけの世帯で困りごとがないか管理組合で把握しておき、民生委員等とも相談して事故などを防ぐことは、マンション全体の共同の利益を守るためにも必要です。

在宅避難ができるマンションにする

２０２０年7月豪雨の被災地では、新型コロナウイルス感染症対策も大きな課題になりました。避難所が3密になることを避けるため、定員が従来の3分の1程度に減った避難所もあったといいます。

堅固な不燃構造で中高層建築物であるマンションは、在宅避難がしやすい建物です。災害で建物が大きな被害を受けなければ、できるだけマンションにとどまり在宅避難するのが望ましいです。食料、飲料水、簡易トイレ、電源等だけでなく、体温計、マスク、使い捨て手袋、消毒液等も備蓄し、持病があり処方箋で薬を手に入れている人は、医師と相談をして最低2週間程度の薬の備蓄を忘れないようにしましょう。

マンション居住者が感染した場合

マンション居住者が感染したら、どう対応するかは難しい問題です。「感染した人への差別等が生じることになるから、居住者に知らせるべきではない」という考えと、「感染拡大を防ぐために情報を公開し、消毒等の対策を徹底すべきだ」という考えがあります。

共同の利益を守るためには、感染の事実を伝えた上で感染防止策を取ることが原則ですが、生活現場では差別や嫌がらせにより人が傷付くことは容易に想像できます。

新型コロナウイルス感染症第5波の際は、感染者の大幅増で医療体制が逼迫し、ホテル等を利用するだけでなく、多くの人が自宅で隔離療養することを余儀なくされましたが、行政から管理組合等の対応方針は示されませんでした。今後も同様の状況になることが考えられます。どのような対応ができるか検討しておきましょう。

5．超高齢社会のマンション生活

永住志向で増える高齢区分所有者・居住者

かつて、マンションは庭付き一戸建てを手に入れるまでの「仮住まい」と考える人が多かったのですが、現在はマンションでずっと暮らしたい、つまり永住の場と考えている人が増えています。5年に1度実施されるマンション総合調査（国土交通省）の結果でも、平成30（２０１８）年度調査において「永住するつもり」が過去最高の62・8％となりました（**図2**）。

買い物や医療機関の受診等に便利な場所に立地し、管理システムが充実しているため建物の修繕や庭の手入れを直接自分でしなくて済むマンションの良さを、歳を取るとともに捨てがたく思うからでしょう。

少子化で人口減少が進んでいることもあり、マンションでも高齢者だけの世帯や一人暮らしの世帯が増えています。高齢者といっても65歳～75歳の前期高齢者は元気な人が多く、現役で仕事をしている人も珍しくありませんが、75歳

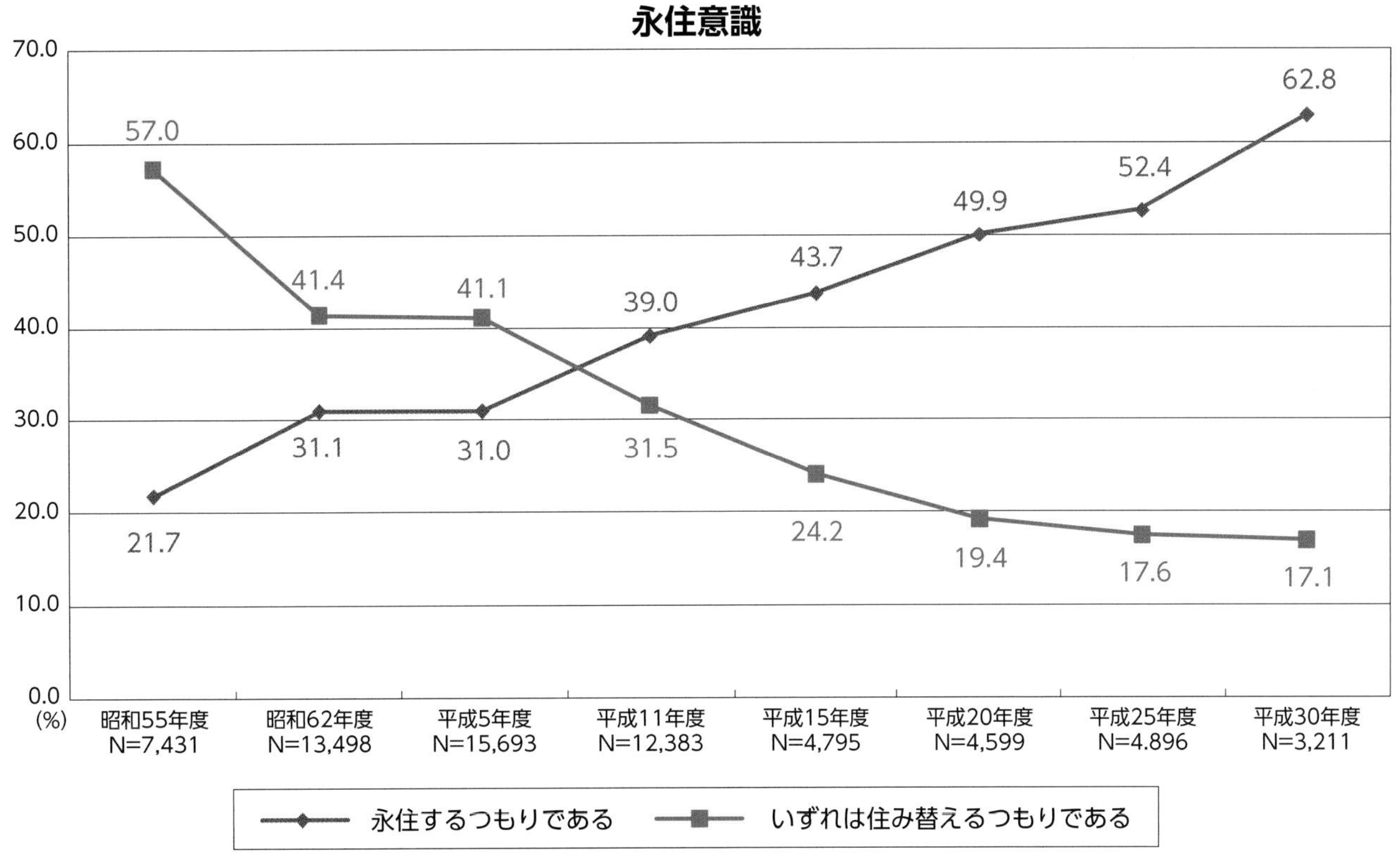

図2　平成30年度マンション総合調査結果（2018年4月26日公表）
平成30年度マンション総合調査結果からみたマンション居住と管理の現状
出典：国土交通省　https://www.mlit.go.jp/common/001287570.pdf

を超える後期老齢者になると日常生活にも支障が出るようになり、認知症を発症することもあります。バリアフリー化されていないマンションでは住戸内に閉じこもりがちになり、体力が低下してしまいます。また、住戸内で誰にも看取られず、時間が経過してから発見されるようなことも起きています。

高齢区分所有者・居住者の増加によって生じる問題

高齢区分所有者・居住者の増加は、マンション生活と管理組合運営にさまざまな影響を与えます。他の居住者にとって迷惑と感じる、使用細則に違反する行為もあり得ますが、誰もが体験することになる加齢に伴う行為だからこそ、円満な解決策を見出したいものです。

①共同生活上の問題

高齢居住者は円滑な共同生活の維持の視点から、次のような問題を起こす可能性があります。

●徘徊、大声や他の住戸を訪問する等、他の居住者への迷惑行為。

●孤独死をしても長期間発見されないことによる問題。近隣住戸の居住者にとっては住み続けることをちゅうちょすることもあり、マンションの資産価値に影響することもある。

②管理組合運営上の問題

区分所有者が高齢になることで、次のような問題が起きる可能性があります。

●役員等を務めることが難しい人が増え、管理組合の機能低下につながる。

●管理組合総会等に出席しない。

●議決権を適正に行使できないため、管理組合の課題に明確な意思決定ができない。

●議決に加わった場合には、議決に疑義が生じることがある。これは、再生に関係する議決等の場合に特に問題になりやすい。

●管理組合役員に就任しない、判断力の低下等により役員に選任することが難しい。

●本人（当該区分所有者）の区分所有者としての利益が守られない。

ユニバーサルデザインによるマンションづくり

高齢区分所有者や居住者が、区分所有者や居住者に占める割合はマンションによって違います。一般的な傾向としては、高経年マンションほど高齢者が多く、築浅のマンションは少ないのですが、前述した今後の人口構成の変化は将来のマンションの姿に当然反映されます。例えば、現在築10年で区分所有者の多くが40歳代のマンションでも、30年後には高齢者が多数になります。マンションを長期的視点で考えるとき、区分所有者・居住者の加齢の問題を避けて通ることはできません。

もちろん、高齢になったときの住居の選択肢は多様です。サービス付きの高齢者マンションや老人ホームのような施設等に転居する人もいるでしょう。その一方で、住み慣れた地域から離れたくない等の理由で、現在のマンションに住み続けたいと思う人も多いに違いありません。

また、年金受給額の減少、長寿命化による預貯金等の保有財産の減少、リーズナブルな費用で入居できる高齢者住宅の供給不足といったことに起因する、主として経済的な理由で転居が困難なためマンションに生涯居住せざるを得ない人もいるかもしれません。世帯構成についても、独居高齢者や夫婦ともに高齢者という世帯が現在よりも増える可能性が大きいです。

残念ながら、少子・高齢化で働き盛りの人が減る中で、今後高齢者福祉の充実は期待しにくいです。高齢者にとって重要な問題である医療、介護についても、国の政策が通所から在宅重視になりつつあります。このような超高齢社会の進行に、マンションのハードとソフトを適応させていくことは管理組合の重要な課題です。

ハード面ではバリアフリー化の推進、ソフト面では認知症の人への理解とマンション生活での共生、認知症予防、介護予防の推進、自宅マンションの賃貸等の利活用による高齢者施設等への転居支援、高齢者施設等への転居が困難な人を対象とする居住継続への支援等を、行政や専門組織等と連携して管理組合として取り組むことも考えられます。

しかし、高齢者への支援を重視するだけでは「高齢者マンション」になってしまいます。子育て世代等にも住みやすいマンションにすることも重視な課題であり、バリアフリー化を超えるユニバーサルデザイン化の推進も、未来志向のマンションの取り組むべきテーマです。

高齢区分所有者・居住者への支援

区分所有者は加齢とともに管理組合に無関心になりがちで、総会に出席する人も少なくなります。建物の老朽化により共用部分の変更を伴う工事を実施するための、区分所有者の4分の3、つまり75%以上の賛成が必要な総会の特別決議が成立しないこともあります。また修繕積立金の範囲でできる工事なら賛成を得やすいものの、一時金の徴収等の区分所有者に新たな負担を求めるような工事では、高齢区分所有者の支持を得るのは難しいです。

高齢区分所有者がマンション再生に積極的になれない理由は、金銭的な負担だけではありません。建替え等に参加する意思と資力があるとしても、事業期間中の仮住まいや建替え後の新住居での生活が原因で、認知症の発症や進行も考えられます。こうした環境の変化が高齢者に与える影響についての懸念は、本人よりも家族が抱くかもしれません。

高経年マンションの再生は、建物・設備といったハードの問題だけでなく、高齢者の心身のケアと居住の安定の問題でもあります。老朽化した建物を建て替えるにしても、改修により長寿命化するにしても、再生を推進するためには、高齢区分所有者が生涯の残りの時間を安心して生活できると思うことが何よりも重要です。

管理組合の役割

管理組合はマンションの建物・設備を管理する団体であるため、高齢居住者への対応は管理組合の業務になじまないとの見方もあります。しかし、建物の維持管理は安全・快適なマンション生活を送るための基礎的な条件を整えるもので、物理的な維持管理をすること自体を目的とするものではありません。

これまでの組合業務の中にも、騒音を起こすなどの行為をする居住者を義務違反者として制裁をすることが含まれています。もちろん、認知症による徘徊等を義務違反者による迷惑行為と同様に扱うことはできません。制止や制裁という否定的な方法ではなく、支援という前向きな方法で高齢者に対応することは、建物を良好な状態に維持することにもつながり、管理組合の業務といえます。

高齢居住者が増える中では、認

知症を発症することが予想されます。認知症に対する理解を深め、発症した居住者への対応は、事故を防止するためにも管理組合の業務とすることが必要です。社会福祉協議会や地域包括支援センター等とも連携し、高齢者を見守り支援することを管理組合の業務として位置付け、具体的な対応策等を習得するようにしたいものです。

6. マンションの長寿命化と管理組合運営

「2つの老い」等に起因する管理不全の防止

マンション管理適正化法とマンション建替円滑化法が改正されました。背景にあるのは「2つの老い」の進行です。

国土交通省の推計によると、2020年末時点での築40年超のマンションは全国で約103.3万戸ありますが、10年後には約2.2倍の約231.9万戸、20年後には約3.9倍の約404.6万戸となる見込みです（**図3**）。高齢者の増加については、2018年度マンション総合調査（国土交通省）で示された2018年度における完成年次別内訳を見ると、完成年次が古いマンションほど70歳代以上の割合が高く、1979年以前のマンションでの70歳以上の割合は47.2％となっています。今後、老朽化や管理組合の担い手不足が問題になる高経年マンションが急増すると考えられます。

築年数が経過したマンションが老朽化し、居住に支障が出たり外壁の落下等で周辺に危害を与えたりすることを防止するために、適正な維持管理の実施を区分所有者と管理組合に促すことは行政にとっても喫緊の課題です。

マンション管理適正化法の改正により、2022年に国がマンションの管理の適正化の推進を図るための基本的な方針を策定します。市区等の自治体は国の基本方針等に基づき、マンションの管理の適正化の推進を図るための計画（マンション管理適正化推進計画）を策定することができ、必要に応じて管理組合に対して指導・助言等を実施します。また、マンション管理適正化推進計画を作成した市区等は、管理組合が作成する個々のマンションの管理計画を認定することもできるようになります。行政がマンションの維持管理

- 築40年超のマンションは現在103.3万戸（マンションストック総数の約15％）。
- 10年後には約2.2倍の231.9万戸、20年後には約3.9倍の404.6万戸となる見込み。

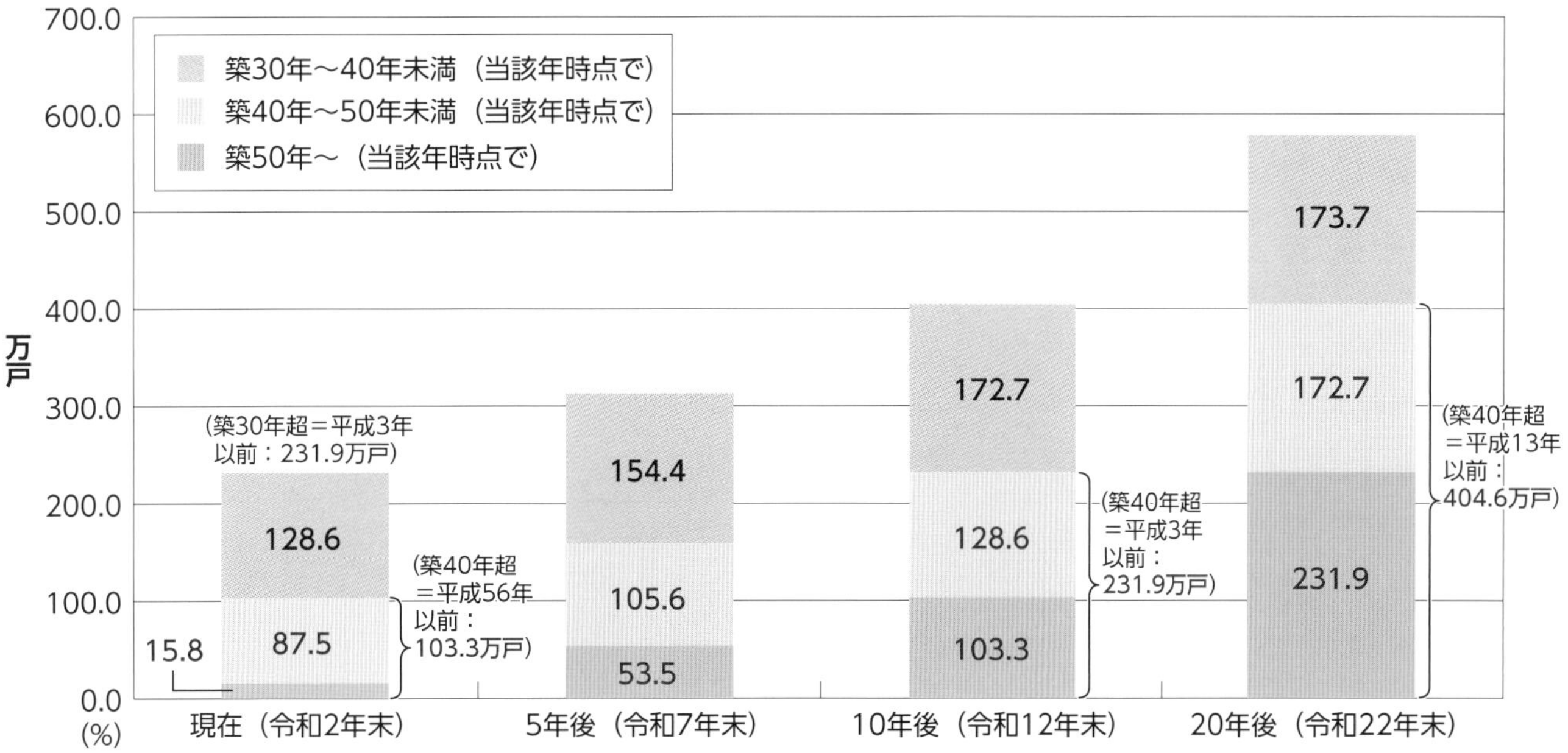

※現在の築50年超の分譲マンションの戸数は、国土交通省が把握している築50年超の公団・公社住宅の戸数を基に推計した戸数。
※5年後、10年後、20年後に築30、40、50年超となる分譲マンションの戸数は、建築着工統計等を基に推計した令和2年末時点の分譲マンションストック戸数および国土交通省が把握している除却戸数を基に推計したもの。

図3　築後30、40、50年超の分譲マンション数（2020年末現在／2021年6月21日更新）
出典：国土交通省　https://www.mlit.go.jp/jutakukentiku/house/content/001410085.pdf

マンションストック長寿命化等モデル事業（令和３年度）

～事業の流れ～

令和３年度予算額　17億円

【事業期間　令和２～６年度】

老朽化マンションの再生検討から長寿命化に資する改修や建替え等を行う
先導的な再生プロジェクトについて、民間事業者等からの提案
【２タイプ（計画支援型／工事支援型）で募集】

↓

有識者委員会で審査し、国で採択

↓

先導的な再生プロジェクトの実施 ← 国が費用の一部を補助

↓

事業の成果等を広く公表することで、老朽化マンションの
長寿命化・再生への取り組みの広がりや意識啓発に寄与

マンションストック長寿命化等モデル事業　事業タイプ（計画支援型／工事支援型）

事業の段階に応じて、次の２つの事業タイプがある。

計画支援型　［事業前の立ち上げ準備段階を支援］

先導性の高い長寿命化等の
改修や建替えに向けた事業を実現するために
必要となる**調査・検討**等の
準備段階の取り組みを対象とする。

工事支援型　［長寿命化等の工事実施段階を支援］

長寿命化改修工事

老朽化マンションの長寿命化に向けて、先導性が高く創意工夫を含む**改修等**の取り組みを対象とする。

建替工事

例えば、次の（ア）（イ）のような理由により、長寿命化改修を行うことが不合理なものとして、有識者委員会で認められた場合、一定の要件を満たす**建替工事**は、支援対象とする。

（ア）長寿命化改修を行うことが技術的に極めて困難な場合や、ライフサイクルコストで見た場合にかえってコスト高になるケース

（イ）区分所有者の合意形成の状況等によっては建替えで再生を図ることが合理的であるケース

＜マンション再生に向けた一般的なステップ＞

準備段階
（情報収集、基礎的な検討）

↓

検討段階
（再生手法の比較検討）
（再生手法（改修、建替え、敷地売却等）の方針の決定）

↓

計画段階
（基本計画、資金計画の検討、権利調整等）
（決議）

↓

実施計画段階
（実施設計、権利変換計画作成等）

↓

工事段階
（改修工事、解体、土地整備、建設工事）

図4　令和３（2021）年度マンションストック長寿命化等モデル事業　説明資料

出典：マンションストック長寿命化等モデル事業評価室事務局ホームページ（国立研究開発法人建築研究所）　https://www.kenken.go.jp/mansion_s/pdf/R3_setsumei.pdf

に関与する枠組みができたことになります。

自治体のマンション管理への関与は、2012年に豊島区が他の自治体に先駆けてマンション管理推進条例を策定。東京都も2019年に条例を制定し、1983年12月31日以前に新築されたマンションは管理状況を届け出ることになりました。

自分のマンションで管理組合の機能低下や管理不全が懸念される場合は、組合役員等でなくても区分所有者として行政やマンション管理士会等に相談したいものです。

長寿命化等による再生

管理不全への対策だけでなく、高経年マンションに対するより積極的な対応として、行政は再生支援にも取り組み始めています。国土交通省が2020年から実施している「マンションストック長寿命化等モデル事業」も、建物等の老朽化や管理組合の担い手不足等の課題に対応するため、再生の検討から長寿命化に役立つ改修等について先導性のあるモデル的な取り組みを支援します。従来の建替えの促進を中心とする再生とは異なり、管理組合・区分所有者の実情に応じた再生法の選択を促進する支援で、次の2つのタイプがあります（**図4**）。

①計画支援型

事業前の立ち上げ準備段階で、長寿命化等に向けた事業を実現するための必要な調査・検討などを支援する。

②工事支援型

長寿命化等の工事の実施段階において、長寿命化に資する工事のうち先進性を有するものに要する工事などを支援する。

再生についての資金面での制度としては、マンションの改修工事に利用できる住宅金融支援機構の「マンション共用部分リフォームローン」の「高齢者特例返済制度」があります。これは管理組合が共用部分の改修工事等を行うために、一時金を負担することになった高齢の区分所有者が融資を受けた場合、毎月の支払いは金利だけで、元金は本人と配偶者が死亡した後に相続人が一括返済する仕組みです。長寿命化のための大掛かりな工事をするために、1戸当たり数百万円の一時金の負担を求める場合でも、この制度を利用する区分所有者の月々の負担は数千円程度となります。老朽化して住みにくくなったマンションに我慢して暮らすのではなく、改修したマンションを終の棲家とすることができるのです。

「2つの老い」への備えから「2つの長寿化」へ

これまで多くのマンションは30年～35年程度の長期修繕計画を作り、傷んだ箇所の修繕や耐用年数を迎えた設備を交換するといった、主に原状回復をするためのメンテナンスをしてきました。

技術の進歩もあり原状回復型の修繕工事だけでなく、改良や改修を行うことでマンションを長寿命化することが可能になり、100年マンションを目指している管理組合もあります。建物と人の「2つの老い」を懸念することを超えて、「2つの長寿化」に積極的に取り組むことがこれからの課題といえます。

このことは、マンションは建設・供給時から、生涯居住を前提に計画される必要があることを意味しています。既存のマンションは、築浅の段階から生涯居住を目指しハード・ソフトの両面で取り組むことが、これからの管理組合運営の基本的な目標となるのです。

長期マネジメント計画策定で将来像を共有

生涯居住できるマンションづくりの目標や実現までのプロセスを示すものとして（公財）マンション管理センターが提唱しているのが「長期マネジメント計画」の作成です。

これは建物・設備を計画的に修繕するために作成する、ハード中心の長期修繕計画とは違い、マンションの将来を展望し、生涯住み続けるために必要なソフトとハード両面の課題と解決の方向を示すものです。

社会環境の変化や区分所有者・居住者の加齢等も考慮して、将来、実現したいマンション生活のあり方や管理組合の運営方法等を検討し、将来ビジョンとして共有することを目指します。長期マネジメント計画の計画期間は、長期修繕計画（25年～30年程度）よりも長くなります。大まかなマンションの将来像を示すことで、区分所有者・居住者が自分自身の生活設計と重ねて考えることができます。

災害特集

マンション防災の基礎知識

一般社団法人 マンションライフ継続支援協会

1. 増加する自然災害

①地震のリスク

死者、行方不明者が2万人を超えた２０１１年の東日本大震災から10年以上が経過しました。この間、熊本地震（２０１６年4月）、北海道胆振東部地震（２０１８年9月）等が発生し、その他死者が伴わない地震も各地で数多く発生しています。地震発生を予測する技術は進歩していますが、まだ分からないことも多くあります。現在分かっていることは、地球の表面には約15のプレートがあり、それらがゆっくりと動きぶつかり合っているということです。

日本列島の周辺にはユーラシアプレート、北米プレート、フィリピン海プレート、太平洋プレートがあるため世界有数の地震多発地帯で、マグニチュード6以上の地震の2割が発生しているといわれます（**図1**）。

プレート同士のぶつかり合いで発生する海溝型地震の他にも、日本列島各地にある活断層が動くことによる地震も発生します。政府の地震調査研究推進本部が活断層による地震発生の可能性を評価していますが、その予測の精度はいまだ高いとはいえない状態です。また、東京のような建物が密集しているところでは未知の活断層が存在する可能性があります。

首都直下地震や南海トラフ巨大地震は30年以内に70%の確率で発生するといわれていますが、どちらも過去の地震の発生間隔をもとに推定したものです。首都直下地震の場合、この推計を政府の地震調査委員会が発表したのは２０１４年です。首都圏では１００年以上マグニチュード7程度の地震を経験していませんが、いつ発生してもおかしくありません（**図2**）。

東日本大震災の直後は、多くのマンションで管理組合や居住者の皆さんが地震への備えを強化しましたが、次第に警戒心が低下する傾向もあるようです。「災害は忘れた頃にやってくる」という言葉もあるように、地震への備えを怠ることはできません。

マンション全体の備えとしては、まず建物の耐震性の強化があります。１９８１年6月以降に建築確認を取得した建物は現行の耐震基準を満たしていますが、それ以前に建築確認を取得した建物は耐震性が不足している可能性があります。管理組合で専門機関による耐震診断を受けて、必要な場合は耐震補強等をするようにしてください。

建物の耐震性が確保されていても、受変電設備や給水設備等が建物にしっかり固定されていないと転倒等の被害を受けることがあるため、その対策も必要です。また、発災時に停電する可能性も少なくありません。エレベーターやインターホンシステム等も使用できなくなりますから、情報を伝達する方法をあらかじめ決めておくことや、災害対策本部の設置方法を検討すること、負傷者の搬送や応急手当に必要な備蓄品を備えておくことも必要です。

各家庭では、地震の揺れから身を守るために家具類の転倒やガラス・食器等の飛散防止対策をし、

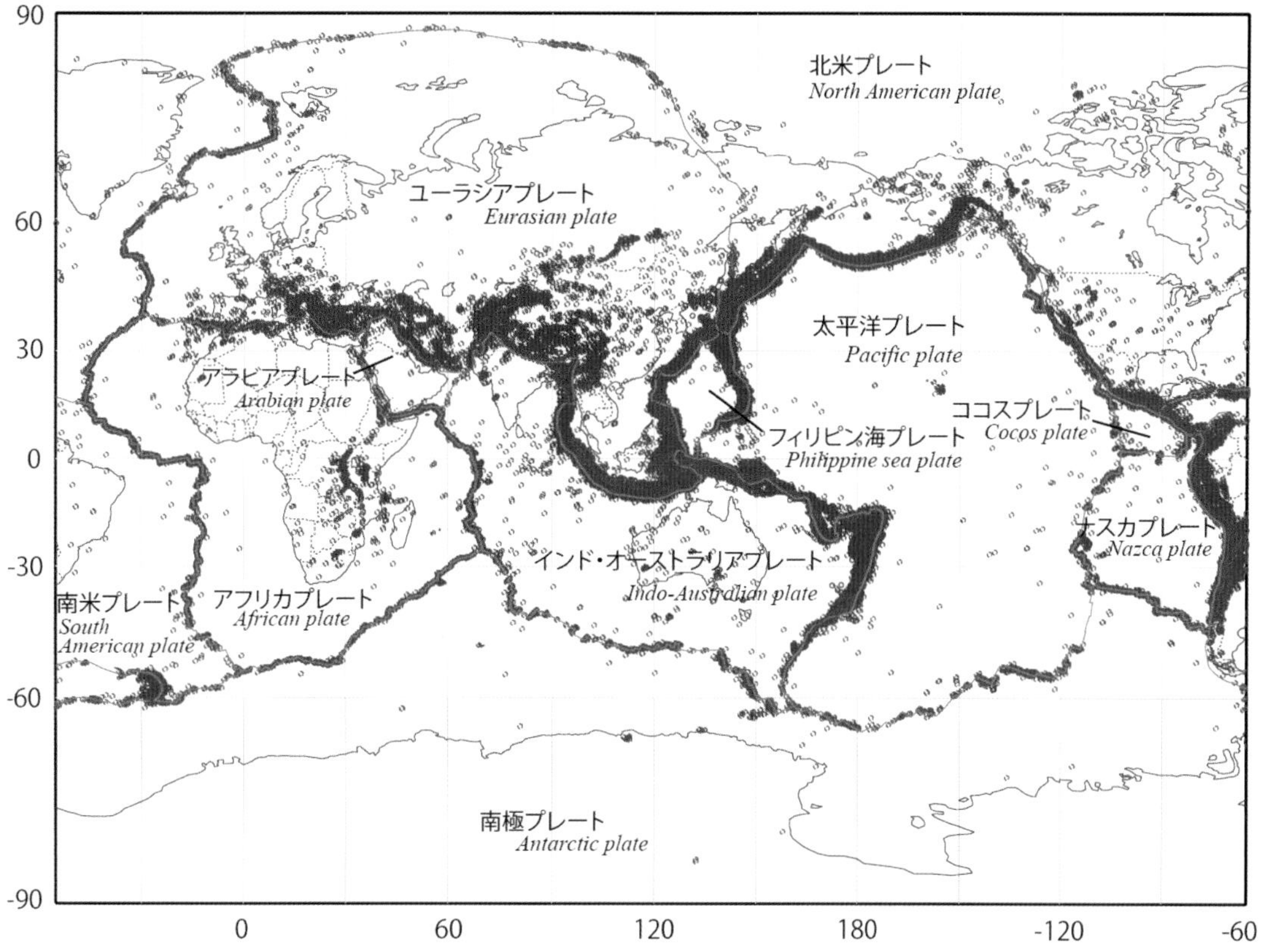

図1　世界の主なプレートと地震の分布

出典：気象庁ホームページ　https://www.data.jma.go.jp/svd/eqev/data/jishin/about_eq.html

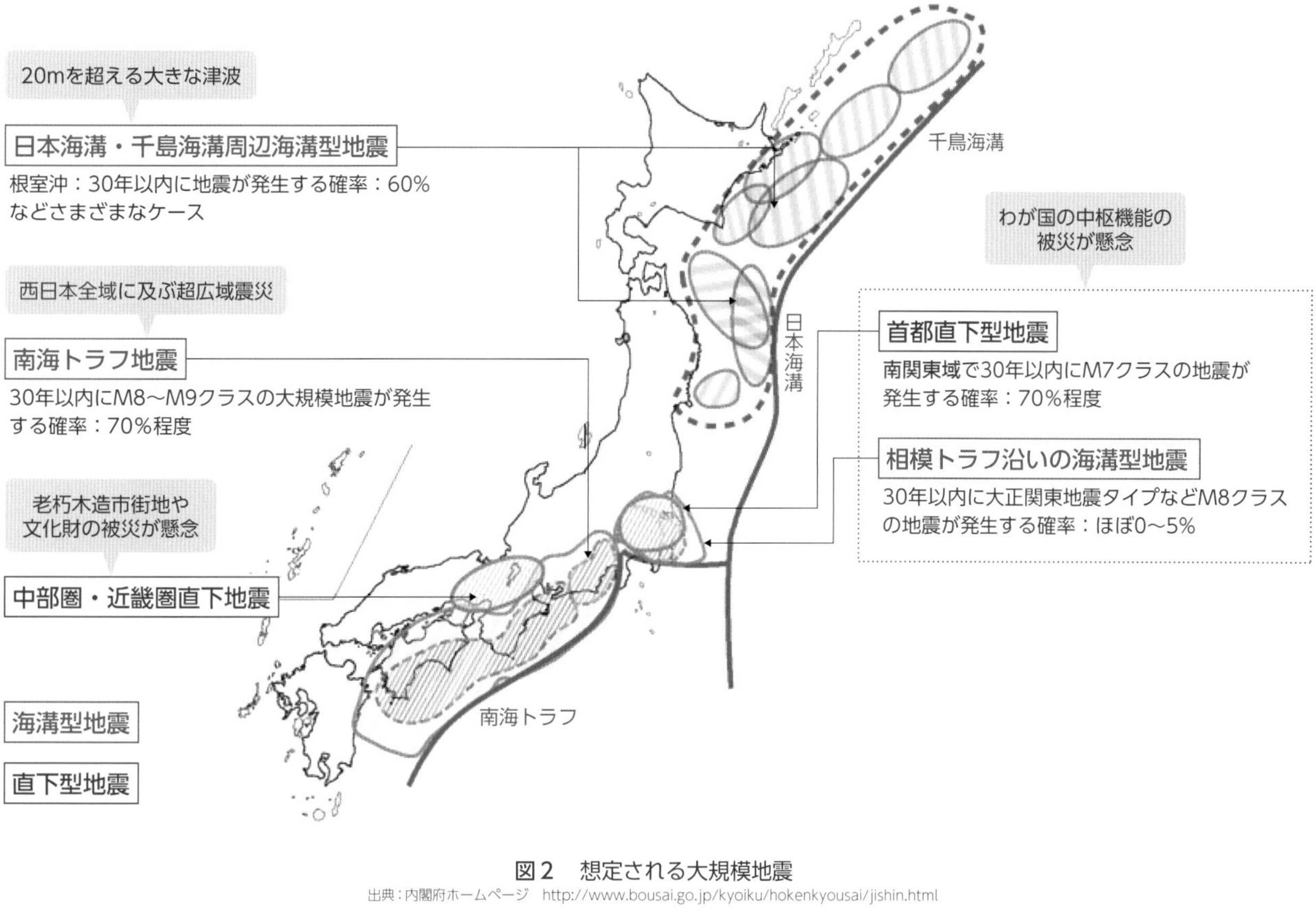

図2　想定される大規模地震

出典：内閣府ホームページ　http://www.bousai.go.jp/kyoiku/hokenkyousai/jishin.html

また在宅避難に必要な1週間分の飲料水や食料、簡易トイレ、医薬品、スマートフォン等の電源等を備蓄してください。離れたところにいる家族同士が連絡を取り合うために、災害用伝言ダイヤルの使い方を覚えておくほか、外部に避難をするときの集合場所も決めておきましょう。

②増える水害被害

ヨーロッパやアメリカをはじめ世界各地から水害による被害が伝えられています。また、日本でも100年に一度というような大雨が繰り返し降ることが多くなっています。異常気象は地球温暖化の影響といわれ、温暖化対策が進められていますが、産業革命以来の人類の活動の積み重ねの結果だけに、直ちに目に見える効果は期待できません。長期的な視点に立った温暖化対策とともに、水害対策も進める必要があります。

堅固なコンクリート造のマンション建物は、水害に強く洪水で流されることはまずありません。しかし、生活に欠かせない設備の多くは浸水しやすい地階や1階に設置されているのが普通です。中でも受変電設備が浸水の被害を受けると、各住戸の照明や家電製品等が使えなくなるだけでなく、エレベーターや給排水設備といったマンション生活を支える機能が停止状態に陥ります。受変電設備等の浸水を防ぐことは管理組合の重要な課題です。

水害は地震による津波の他に、大きく分けて3つのタイプがあります。第1は、大雨により河川が増水し堤防が決壊したり越水したりすることによるものです。一般的には河川に近いところにあるマンションが被害を受けますが、東京では荒川中流の堤防が決壊した場合、地下鉄から流れ込んだ水が都心部を襲うことが危惧されています。また2019年秋に武蔵小杉のタワーマンションが浸水し大きな問題になりましたが、これは雨水で増水した多摩川の水が下水管を逆流したことが原因でした（**図3**）。

第2は、内水氾濫といって道路の下などにある下水道が雨水を処理できず、道路が冠水したりマンホールから水が吹き出したりすることによるものです。これは河川との距離に関係なくどこでも発生する可能性があり、坂の下などにあるマンションは特に注意が必要

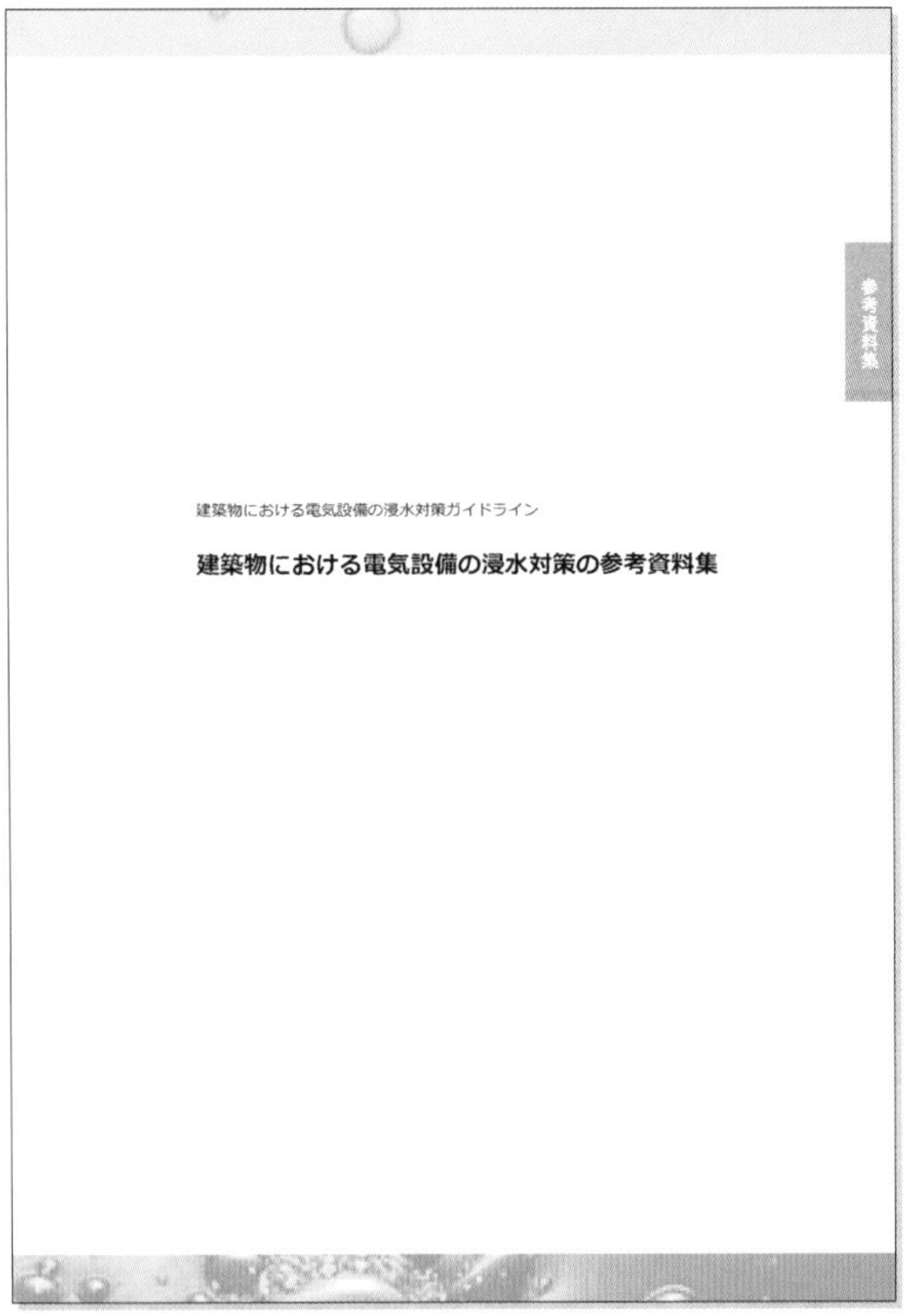

● 令和元年東日本台風における浸水による高層マンションの被害

2019年（令和元年）10月12日、令和元年東日本台風の影響による多摩川の水位上昇のため、神奈川県川崎市の武蔵小杉駅周辺では内水氾濫が発生し、周辺の一部の高層マンションにおいて敷地内及び建築物内が浸水する被害が発生した。

浸水被害を受けた施設のうちの一つであるパークシティ武蔵小杉ステーションフォレストタワー（地上47階・地下3階、643戸）においては、住民による土嚢積み作業等を行い、建物1階への浸水を防止できたものの、地下配管経由での流入により貯水槽が溢れ地下3階部分が浸水、住民による湧水槽への排水作業を行ったが水位が上昇し、10月13日未明に高圧受変電設備を含む多くの設備が故障する等、多大な被害を受けた。停電の影響でエレベーター、給水設備等のライフラインが長時間使用不能となり、建築物の居住継続に大きな支障を与えた。

■ エントランス付近の開口部
保存水の入った段ボールで作成した手作りの土嚢で浸水を阻止

■ 冠水したマンションの敷地

■ 水嚢を設置したエントランス

■ 住民による湧水槽への排水作業（地下3階）

21

参考資料集

図3　令和元年東日本台風における浸水による高層マンションの被害（建築物における電気設備の浸水対策の参考資料集より）
出典：国土交通省ホームページ　https://www.mlit.go.jp/common/001355013.pdf

です。

第3は高潮です。これは、台風等で気圧が下がることにより盛り上がった海水等が強風で沿岸部に押し寄せるもので、地震による津波と似たような被害が発生します。

水害の危険性については、区市町村が発行するハザードマップに記載されています。深さ何メートル程度の浸水がどのくらいの期間続くのか、自分たちのマンションは浸水の危険性がどの程度あるのかを把握し、対策を立てることが必要です。この場合重要なことは、地階が浸水する危険がないかどうかです。駐車場等のスロープや排気口等から水が入らないかを調べ、浸水の恐れのある場所には止水板や土のうを用意しておきます。

水害は地震とは違い、突然に発生することはありません。気象庁から発表される大雨についての情報や自治体から発表される避難情報等に注意を払い、先手先手で対応することが必要です。

地階等への浸水の危険性は、ハザードマップだけでは分からないことがあります。坂の下等で水が集まりやすいところにあるマンションは、常に浸水への備えをする必要があります。

低層階の住戸が浸水する可能性があるマンションでは、避難についての考え方も管理組合で決めておきましょう。多くの場合は、避難所に行かず上層階に避難する「垂直避難」で生命を守ることができます。短時間で水が引く見通しの場合は共用廊下等に避難することになりますが、長期間湛水する可能性あるマンションでは、それでは済みません。避難してきた低層階の居住者を上層階の居住者が受け入れる場合のマナーやルールを決めておくほか、自治体や消防と避難方法について相談をしておく必要があります。

③感染症のリスク

感染症の流行は昔から繰り返し起きてきましたが、新型コロナウイルスによるパンデミックは、マンションが普及してから初めて体験したことでした。ほとんどのマンションはこれまで感染症への備えをしていませんでしたが、長引くコロナ禍の中でマスクの着用、うがい、手洗いを励行することや、密着、密集、密接の3密を避け、ソーシャルディスタンスを確保することなどの新しい生活様式を身に付けることができました。

また管理組合等としても、理事会や総会等の集まりをWEB会議方式で開催し始めたマンションも多数あります。

新型コロナウイルス感染症がまん延したことでやや忘れられたきらいもありますが、インフルエンザやノロウイルス等による胃腸炎等も警戒が必要な感染症です。また、地球温暖化によりこれまで人体に影響を与えなかったウイルスや細菌等の病原体が活性化したり、シベリア等の永久凍土が溶けることで未知の病原体が出現したりする可能性もあるといわれています。

多くの人が同じ建物内で生活し、エントランス、エレベーター、廊下等を共用するマンションは、戸建て住宅に比べて感染症がまん延する可能性が高いことは否めません。コロナ禍が収束した後も日常的な災害対策の一環として、多くの人が触れる可能性が高い共用部分の消毒、共用施設の換気等を習慣にしましょう。

マンションの居住者が感染した場合、その人の住戸周辺を消毒することが必要ですが、こうした業務は管理会社との業務委託契約に含まれていないことが普通です。

また、病床が不足し感染した人が自宅で療養せざるを得ない場合、どのように対応するのか、当面の対応とは別に新型コロナウイルスによるパンデミックが収束した段階で、管理組合としての対応を長期的な視点で検討する必要があります。

マンション内で感染者が出た場合に大切なのは、感染者への差別を防ぐことです。人権擁護の点でも必要ですが、感染拡大を防ぐには感染した事実を隠さずにすむことが重要です。自宅療養をする感染者への食料提供等の生活支援をするとともに、共用部分の消毒等を行うためには何が必要なのかを考えておきたいものです。

新型コロナウイルス感染症の他に重点的に予防する必要があるのは、インフルエンザと、ノロウイルスやロタウイルス等のウイルス性胃腸炎だといわれています。

マンションの居住者の中で発熱、咳、嘔吐、下痢などの症状がある人は早めに申し出てもらい、病院や保健所等に相談する必要があります。災害発生時は医療機関が混乱しているため、重症でなければ受け入れてもらえないこともあります。こうしたことも想定して、日頃から医療機関と連絡を取り合うことも災害対策の重要な項目の一つです。

④複合災害の危険性

新型コロナウイルス感染症のまん延でクローズアップされたのが、複合災害の危険性です。避難所の衛生管理はこれまでも重視されていましたが、あらためて真剣に検討されるようになり、人と人との距離を取ることでの収容人員や導線の見直し等が行われています。

名称	災害分類	発生	停電期間
2021年の福島県沖地震	地震（震度６強）	2021年２月13日	６時間
令和２年７月豪雨	豪雨	2020年７月３日	５日
令和元年台風第19号	台風	2019年10月６日	約２週間
令和元年台風第15号	台風	2019年９月５日	約３週間
令和元年８月の前線に伴う大雨	豪雨	2019年８月27日	最大15時間
北海道胆振東部地震	地震（震度７）	2018年９月６日	約１週間
西日本豪雨	豪雨	2018年６月28日	約１週間
大阪北部地震	地震（震度６弱）	2018年６月18日	３時間
鳥取地震	地震（震度６弱）	2016年10月21日	１日
熊本地震	地震（震度７）	2016年４月14日	約１週間
東日本大震災	地震（震度７）	2011年３月11日	約１週間

図４　2011年～2021年の自然災害（参考：内閣府ホームページ）

感染症との複合災害だけでなく、地震と水害が同時に発生することも考えられます。マンションの建物は地震や水害には比較的強く、生命を守るシェルターとしての役割を果たすことは、これまでの経験から分かっています。地震と台風や浸水等が同時に発生した場合は、外部への避難は危険です。外部への避難を考えていた居住者も、在宅避難を選択せざるを得ない状況になる可能性もあります。

管理組合として「災害時には在宅避難」を災害対策の柱としていないマンションでも、非常用発電設備や浄水器等最低限の生活を支える設備を用意することや、各戸で7日間分程度の飲料水、食料、簡易トイレ等を備蓄することを生活習慣とするのが必要な時代であることを理解しておきましょう。

在宅避難をするときに重要なのも、やはり感染症対策です。日頃から感染症防止策を取っていればその延長で考えることができそうですが、大きく違うのは電気や上下水道の使用がほとんどの場合大幅に制限されることです。衛生管理の基本である手洗いやうがいがひんぱんにできない可能性があります。日頃からマスクやうがい薬、アルコール、消毒綿等を各家庭で用意しておきましょう。こうした面でも、コロナ禍で身に付けた新しい生活様式を続けるようにしたいものです。

在宅避難中、多くの場合トイレは簡易トイレを使用することになります。使用後の汚物類が入った袋の保管方法を考慮しましょう。時間が経つと内容物が発酵して袋が破裂することもあります。

2. 自立対応が必要なマンション

①まだ多い木造密集地帯

大都市には、地震で最も被害を受けやすい木造密集地帯が多くあります。国土交通省の調べでは、地震による大規模な火災発生が予想される木造密集地帯が全国に約8,000ヘクタールあり、この多くは大阪と東京に集中しています。国や関係する各自治体は木造密集地帯の解消に力を入れていますが、なかなか進みません。

中央防災会議の首都直下地震の被害想定によれば、冬の夕方6時に東京湾北部を震源地とするマグニチュード7・3の地震が発生した場合、首都圏では約2，000件の火災が同時に発生するといわれています。通常、マンションで火災が発生するとはしご車をはじめ多くの消防車が集まり消火活動をします。しかし、同時多発的に各地で火災が発生したときは、東京都内だけでも1，200件の出火に対して、東京消防庁のポンプ車700台弱を総動員しても簡単に消火はできません。また、消防車は木造密集地帯等の延焼の恐れが多い地域に集中投入されるはずです。

　マンション内で火災が発生した場合に、素早く火を消せるように各家庭や共用廊下の消火器を確実に使いこなせるようにしてください。また、規模が大きいマンションには共用廊下に屋内消火設備がありますから、この取り扱い方法も知っておきましょう。

　地震で負傷者が出た場合にも、救急車がすぐに来てくれるとは限りません。前述の首都直下地震の被害想定によれば、負傷者は約14万7，600人に上ります。マンション内に救護所を設けて応急手当ができるようにするほか、けが人等を上層階から階段を使って運ぶための担架等を用意し、使いこなすことができるようにしましょう。

②増える高齢者等の災害弱者

　現在、日本は急速に人口減少と高齢化が進んでいます。2000年から2020年の20年間に総人口は100万人以上減少した一方、65歳以上の高齢者が占める割合は17%から26%に増加しました。2050年には総人口は1億人を割り、高齢化率は40%近くになると見込まれています。

　高齢者が増えるのは長寿化が進んだ結果ですから決して悪いことではありませんが、社会全体の災害対応力が低下することは否めません。東京等の大都市では、現在のところ若い世代の人口が流入しているため人口増が続いていますが、若い世代の人口が流出している地域では災害による被害が大きくなっています。遠からず東京等でも人口が減少に転じ、高齢化が目に見えて進むことは間違いありません。

　築年数が浅いマンションは若い世代の居住者が多いと思われますが、高経年マンションでは居住者の高齢化も進んでいるのが普通です。足腰が衰えた車いす利用者や、目の不自由な人も少なくないはずです。認知症により判断力が低下している人も増える傾向にあります。高齢の夫婦だけや高齢者の一人住まいの世帯も増えています。

　こうした人たちは災害発生時に支援が必要なことが多いと考えられますが、行政の災害時要支援者名簿に登録されていても、現在はその情報が必ずしも管理組合に伝わるとはいえません。管理組合や防災組織で各戸を回り、災害発生時に支援が必要な人を把握しておくことが重要です。マンション外に居住する親族等とも、いざというときは連絡が取れるようにしておきたいものです。

　高齢者の中には、コロナ禍で外出を控え、これまで参加していたラジオ体操等にも行けない人が増えているようです。足腰の衰えを防ぐために、マンション内で身体を動かす機会を増やすことも考えてみましょう。

　築年数が浅いマンションでも高齢者等が居住している可能性はあります。また、小さなお子さんだけで留守番をしているお宅もあるかもしれません。防災計画等を作成するときは、こうした災害弱者の存在を忘れないようにしてください。

③災害時、マンション支援は遅れる可能性

　災害への対応は自助・共助・公助の組み合わせといわれていますが、建物が堅固で災害に強いと考えられているマンションに対する消防等の公助力による支援は、発災当初はどうしても遅れる可能性が高くなります。木造密集地域等の被害が大きく、死者や負傷者が多数発生する可能性があるところに支援を集中投入する必要があるからです。

　マンションの管理組合、防災組織、各居住者は、地震の揺れや浸水から身を守る等の初動対応だけでなく、居住者同士の助け合いによる被災生活等、マンションとして自立対応をできるように、管理規約および管理組合や防災組織の整備をする必要があります。

　発災当初は地域の自治体や消防等しか災害対応ができなくても、2～3日以内に全国各地から消防、警察、自衛隊が派遣されてきます。それまでの間は自力で対応する必要がありますが、重症者が出たような場合は、マンションの屋上に救助を求めるのぼりを掲げ

たり、垂れ幕等で状況を知らせたりすることも重要です。

3．在宅避難ができるマンションに

①マンションは在宅避難

これまでも繰り返してきたように、マンションの建物は堅固な不燃構造で、中層階以上ある地震にも水害にも強い建物です。衛生管理を徹底すれば、避難所に行くよりもマンションにとどまる在宅避難の方が身の安全を守り、被災生活を送りやすいと考えられます。区・市役所等の行政もマンションの居住者に在宅避難を勧めるところが増えています。

マンションで在宅避難をするためには、管理組合や防災組織でマンション全体の備えをするとともに、各住戸・世帯としての取り組みも強化しなければなりません。

管理組合は建物・設備の点検を行い、災害に弱い箇所をピックアップして、補修をする必要があります。費用がかかることですから、数年計画で緊急性の高い箇所から実施するのが現実的でしょう。防災用品の確保と備蓄も重要です。上階に物資を運搬するための方法として滑車の利用等も考えられます。最も重要なことは、電源の確保です。災害対策本部の照明や、全館と連絡を取るのに必要なインターホンシステム等を動かすための電源を用意したいところです。超高層マンション等には非常用発電設備が設置されていますので、使用方法をよく理解しておく必要があります。ＥＶ車等も災害発生時には有力な電源になります。

各住戸・家庭では、少なくとも在宅期間が１週間程度になることを想定して、飲料水、食料、簡易トイレ、燃料等の備蓄をしてください。食料品は日頃使う食材を少し多く購入する「日常備蓄」が効果的です。医師から薬を処方されている人は、医師と相談をして常に１週間以上の薬が手元にあるようにすると安心です。また、マンション生活では簡易トイレは必需品です。１日か２日飲まず食わずでも我慢できますが、排泄を我慢することはできません。断水しているだけでなく下水管が損傷している可能性がありますから、安全が確認できるまでの間トイレは使用禁止です。

②高齢者等の災害弱者への配慮

マンションで在宅避難をするとき、高齢者等が特につらいのはエレベーターが使えないことです。高齢者だけの住戸には時々巡回し困りごとがないかを聞くといった配慮をしましょう。体調が悪化した場合は、行政が開設する福祉避難所を利用することも考えられます。

在宅避難をするときは、行政にその旨を届け出て連携を密にし、さまざまな相談ができるようにすることも重要です。通常、救援物資等は避難所に届きますが、救援物資等は避難所外にいる被災者にも行き渡るようにすることが法律で定められています。また、避難所の開設や運営には地域の町内会や自治会が協力をしていることが普通です。町内会・自治会への日頃の協力や相互理解も必要です。

③居住者全員で役割分担

在宅避難は、居住者が各住戸内に閉じこもることではありません。被災という特異な状況の下で、管理員の支援なしに共同生活を維持するために、さまざまな仕事が必要になります。仕事の内容は状況によって違いますが、次のようなことが考えられます。

- ●感染症を防ぐための共用部分の消毒
- ●不審者の侵入等を防ぐための警備
- ●避難所等への連絡、交渉、情報収集
- ●破損箇所等の調査と応急処置
- ●ごみ類の整理
- ●高齢者等の災害弱者への支援

こうしたさまざまな仕事をできるだけ多くの人が分担して行うようにし、管理組合や防災会の役員等、特定の人の負担が重くならないようにすることが重要です。例えば、災害弱者のお宅に飲料水等の物資を届けるような仕事は、中高生等の体力のある人の役割とすることも考えられます。

④被災生活のマナーとルール

在宅避難生活は平時と全く違う状況の中で、居住者の皆さんが助け合い、協力しながら少なくとも数日間を過ごすことになるため、通常の使用細則等とは違うマナーやルールが必要になります。実際に在宅避難が始まってからでは間に合いませんから、居住者の皆さんの意見を聞きながら事前に作成をしておくようにします。

　災害時の円満な共同生活維持のためのルールとして、例えば次のようなことを定めることが考えられます。

災害時の円満な共同生活維持のためのルール

- ●お互いに譲り合いの心を持って生活する。
- ●共同生活の和を乱さないように、決められたことを守る。
- ●共用部分は禁煙。
- ●通水していても、マンション内の排水管が損傷していないことが確認できるまで各戸の水洗トイレは使用禁止。
- ●仮設の共用トイレは最も密接な共有施設。汚してしまったら自分できれいにする。
- ●ごみの分別収集を徹底し、ごみ集積場を清潔に保つ。
- ●お年寄りや身体の不自由な人、乳幼児を抱えた人など、要援護者への気配りを心掛ける。
- ●家族がいない介護が必要な人の援助を協力して行い、福祉避難所への移送も考える。
- ●救援物資の配給が始まったら、秩序ある配分を心掛け要援護者を優先する。
- ●マンション外に移動するときには電気のブレーカーを落とし、水道の元栓を閉める。また、管理組合に必ず連絡先を伝える。

4. 防災を管理組合の中心業務に

①管理規約に「防災」を明記

　管理規約は「マンションの憲法」といわれるように、マンションの維持管理と生活の基本原則を定めたものです。各マンションの実情に合わせて制定するのが本来の姿ですが、区分所有法等との整合を取る必要がありますから、国土交通省が各マンションの管理組合の参考になるようにマンション標準管理規約を作成しています。マンション標準管理規約をそのまま自分たちの管理組合の規約としているところもありますが、本来はマンションの諸条件や区分所有者の事情も考慮して、法律の範囲内で管理組合が自ら制定すべきものです。

　マンション標準管理規約は防災や災害対応に関連する事項が示されていますが、多くの条項で別々に説明されています。管理組合は多くの業務をしますから、規約がある程度複雑で分かりにくいことはやむを得ないといえますが、防災や災害対策は区分所有者かどうか、また年齢に関係なく生命や財産に直接関係する極めて身近な問題です。現在のマンション標準管理規約は、残念ながら防災や災害対策について誰もがすぐに理解できるように定められているとはいえません。

　防災、ここでは復旧復興も含めて「災害対策」としますが、災害への備え、発災時の対応、被災生活、復旧復興等やそれらに必要な費用の問題を、マンションの区分所有者と居住者が文字通り全員で取り組む課題として明確に位置付け、規約に明文化する必要があります。

(参考)

　現行のマンション標準管理規約(単棟型)は災害対策に関連して次のように定めています。

①管理組合の業務としての防災

第32条 十二　マンション及び周辺の風紀、秩序及び安全の維持、防災並びに居住環境の維持及び向上に関する業務

②災害時の理事長の権限

第21条6　理事長は、災害等の緊急時においては、総会又は理事会の決議によらずに、敷地及び共用部分等の必要な保存行為を行うことができる。

第23条4　理事長は、災害、事故等が発生した場合であって、緊急に立ち入らないと共用部分等又は他の専有部分に対して物理的に又は機能上重大な影響を与えるおそれがあるときは、専有部分又は専用使用部分に自ら立ち入り、又はその委任した者に立ち入らせることができる。

③災害時の理事会の権限

第54条 十　災害等により総会の開催が困難である場合における応急的な修繕工事の実施等

2 理事会は、前項第十号の決議をした場合においては、当該決議に係る応急的な修繕工事の実施に充てるための資金の借入れ及び修繕積立金の取崩しについて決議することができる。

※管理費の使途
第27条の管理費の使途に防災は明示されておらず、「十一 その他第32条に定める業務に要する費用」としている。

②長寿命化も視野に、建物・設備の強化

マンションの法定耐用年数は47年とされていますが、これは会計上のことで、建物はしっかりした維持管理が行われれば80年程度は持つといわれています。実際に100年マンションを目指す取り組みも各地のマンションで行われ、100年マンションを提唱している管理会社もあります。国土交通省も、マンション再生の一環として長寿命化モデル事業を進めています。地球温暖化対策の視点からも建物を長く使うことは望ましいことです。

建物の寿命を短くする大きな要因は適切な維持管理が行われないことですが、災害により大きなダメージを受けることも建物を短命にします。地震や水害によるダメージをできるだけ小さくすることが、長い目で見れば得だということになります。

建物・設備の修繕については、長期修繕計画に基づいて実施される大規模修繕工事があります。しかし、これは建物・設備を新築時に近い状態に戻すものです。設備機器については耐用年数に達したものを新しいものに交換しますから、機能や性能が向上するのが普通です。建物については外壁や屋上防水等の経年劣化した箇所等を補修するのが普通で、基本性能や耐久性の向上等は計画されていません。旧耐震基準で建設された建物の耐震性を強化することは、通常は長期修繕計画に含まれません。

建物の断熱性能を高め生活の快適性向上と省エネを実現することや、コンクリートの中性化が鉄筋に及ばないようにして、建物の長寿命化をすることもできますが、これらも長期修繕計画には含まれていません。

水害対策としては、浸水しやすい場所に設置されている受変電設備等を浸水されにくい場所へ移設します。それができない場合は水の浸入を防ぐための措置が必要で、これらも建物の長寿命化の視点から行いたいところです。

地震や水害に強い建物にすることと、建物の長寿命化を一体として捉えて検討し、資金を含めた計画作成をしたいものです。

5. 復旧復興と地震保険

①復旧復興の手順

建物が被災した場合の復旧復興は、被害の状況を把握することが出発点になります。被害状況の調査基準と判定は、調査の目的によって違うため混乱することがあります。ここでは概略を示しますが、詳しいことは専門家に確かめることが必要です。

(1)応急危険度判定

これは地震により被災した建物の安全性を、その後の余震等による倒壊の危険性や、外壁・窓ガラスの落下、付属設備の転倒などの危険性を応急危険度判定士が調査・判定し、人命に関わる二次的被害を防止することを目的としています。応急危険度判定は、判定結果を「調査済」（緑）、「要注意」（黄）、「危険」（赤）に分け、それ

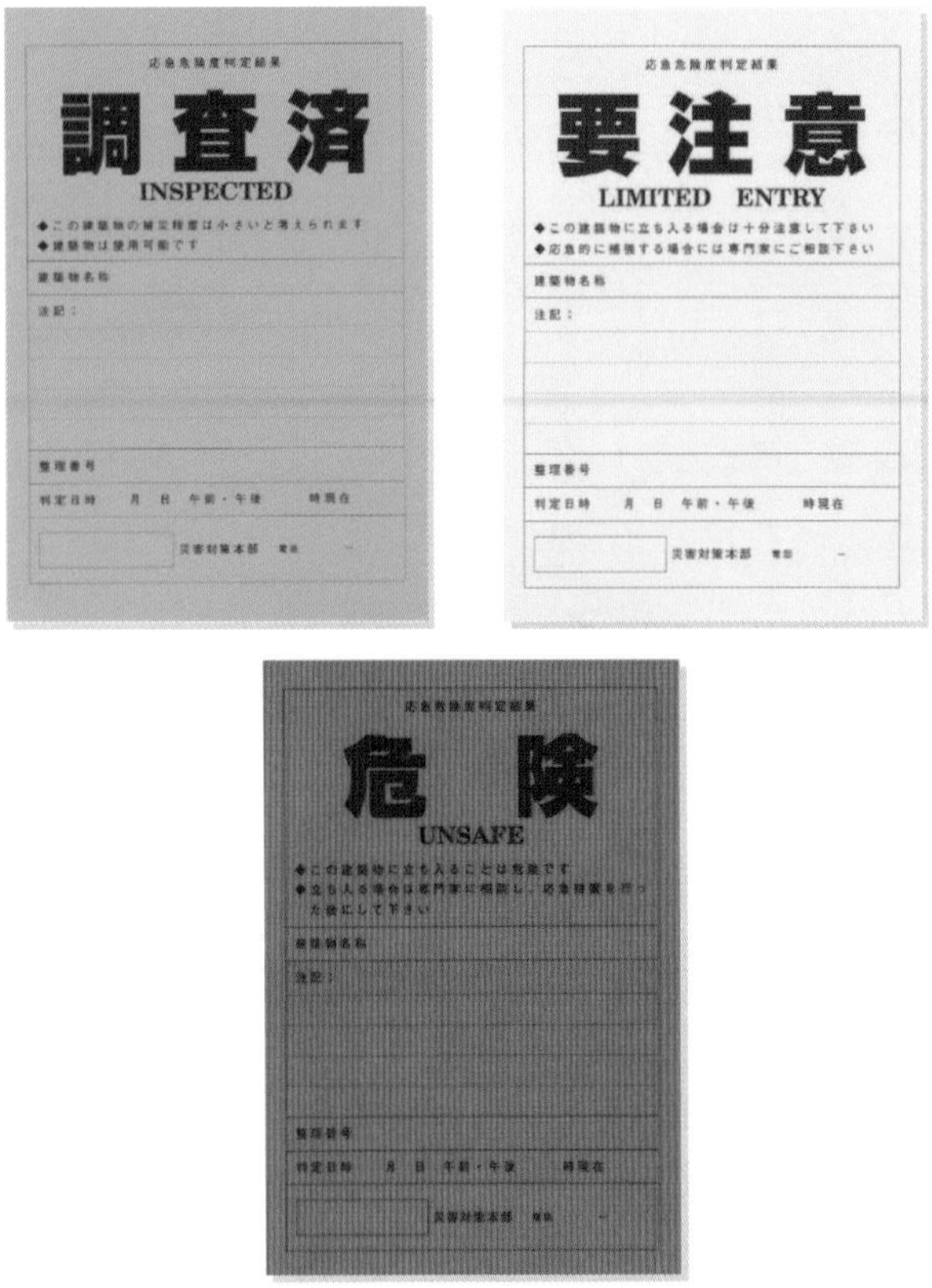

写真1　判定ステッカー
出典：一般財団法人日本建築防災協会ホームページ
http://www.kenchiku-bosai.or.jp/assoc/oq-index/応急危険度判定活動に必要な判定資機材/#rakka_sticker

市町村長は、当該市町村の地域に係る災害が発生した場合において、当該災害の被災者から申請があったときは、遅滞なく、住家の被害その他当該市町村長が定める種類の被害の状況を調査し、当該災害による被害の程度を証明する書面を交付しなければならない。(災害対策基本法第90条の２第１項)

■災害に係る住家の被害認定基準運用指針（平成13年作成、令和３年最終改定）

- 市町村が災害により被害を受けた住家の被害認定を迅速かつ的確に実施できるよう、地震・水害・風害等の災害ごとに住家の経済的被害の標準的な調査方法を定めたもの
- 固定資産評価を参考に、原則として、部位（基礎、柱等）別の損害割合を算出し、それらを合計して住家全体の損害割合を算出して判定

■災害の被害認定基準（令和３年６月24日付府政防670号内閣府政策統括官（防災担当））

被害の程度	全壊	大規模半壊	中規模半壊	半壊	準半壊	準半壊に至らない （一部損壊）
損害基準判定 （住家の主要な構成要素の経済的被害の住家全体に占める損害割合）	50%以上	40%以上 50%未満	30%以上 40%未満	20%以上 30%未満	10%以上 20%未満	10%未満

図５　災害に係る住家の被害認定
出典：内閣府ホームページ　http://www.bousai.go.jp/taisaku/pdf/r306higai_nintei.pdf　http://www.bousai.go.jp/taisaku/unyou.html

ぞれステッカーを貼って所有者や居住者、第三者にも分かるようにします（**写真１**）。これはあくまでも当面の危険性を知らせるもので、復旧復興の基準になるものではありません。

(2) 罹災証明書の発行

被災者が区市町村長に申請をすると、建物の状態を調査した結果に基づき「全壊」「大規模半壊」「中規模半壊」「半壊」「準半壊」「一部損壊」等を認定し、罹災証明書が発行されます（**図５**）。罹災証明書は被災者生活再建給付金支給や仮設住宅の入居等の基準になります。被災し損壊した建物の状況を写真の撮っておくことが正しい認定につながります。

(3) 地震保険の判定（建物）

地震保険の保険金支払に当たり「全損」「大半損」「小半損」「一部損」に分類されます（**図６**）。

(4) 被災度区分判定

管理組合が専門家に依頼して、地震により被災した建物の沈下、傾斜および構造躯体などの損傷状

分類	基準
全損	地震等により損害を受け、主要構造部（土台、柱、壁、屋根等）の損害額が、時価額の50%以上となった場合、または焼失もしくは流失した部分の床面積が、その建物の延床面積の70%以上となった場合
大半損	地震等により損害を受け、主要構造部（土台、柱、壁、屋根等）の損害額が、時価額の40%以上50%未満となった場合、または焼失もしくは流失した部分の床面積が、その建物の延床面積の50%以上70%未満となった場合
小半損	地震等により損害を受け、主要構造部（土台、柱、壁、屋根等）の損害額が、時価額の20%以上40%未満となった場合、または焼失もしくは流失した部分の床面積が、その建物の延床面積の20%以上50%未満となった場合
一部損	地震等により損害を受け、主要構造部（土台、柱、壁、屋根等）の損害額が、時価額の３%以上20%未満となった場合、または建物が床上浸水もしくは地盤面より45cmをこえる浸水を受け、建物の損害が全損・大半損・小半損に至らない場合

図６　全損、大半損、小半損、一部損の基準（地震保険制度の概要）
出典：財務省ホームページ　https://www.mof.go.jp/policy/financial_system/earthquake_insurance/jisin.htm#4

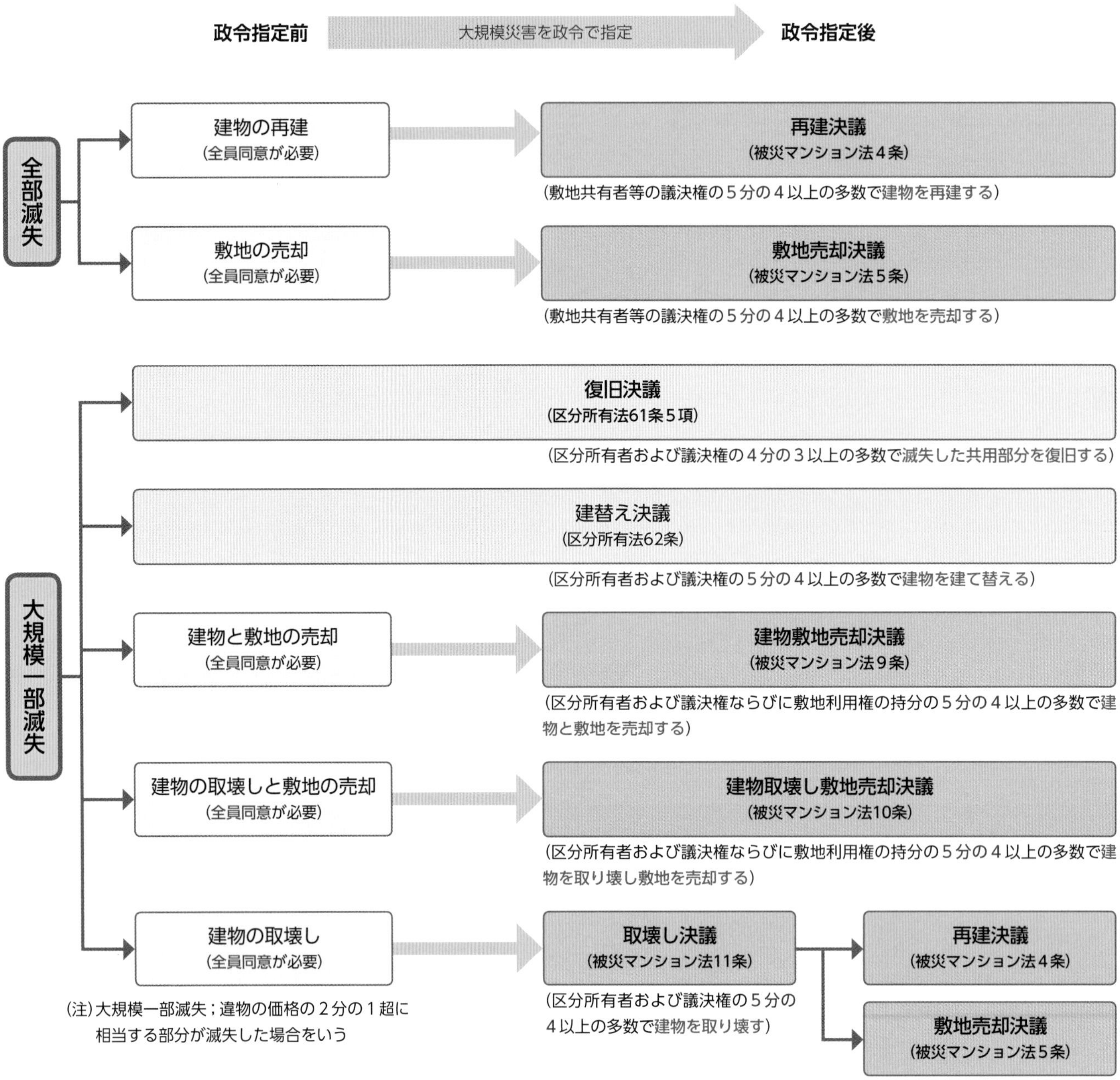

政令指定前
大規模災害を政令で指定
政令指定後
全部滅失
建物の再建
（全員同意が必要）
再建決議
（被災マンション法４条）
（敷地共有者等の議決権の５分の４以上の多数で建物を再建する）
敷地の売却
（全員同意が必要）
敷地売却決議
（被災マンション法５条）
（敷地共有者等の議決権の５分の４以上の多数で敷地を売却する）
大規模一部滅失
復旧決議
（区分所有法61条５項）
（区分所有者および議決権の４分の３以上の多数で滅失した共用部分を復旧する）
建替え決議
（区分所有法62条）
（区分所有者および議決権の５分の４以上の多数で建物を建て替える）
建物と敷地の売却
（全員同意が必要）
建物敷地売却決議
（被災マンション法９条）
（区分所有者および議決権ならびに敷地利用権の持分の５分の４以上の多数で建物と敷地を売却する）
建物の取壊しと敷地の売却
（全員同意が必要）
建物取壊し敷地売却決議
（被災マンション法10条）
（区分所有者および議決権ならびに敷地利用権の持分の５分の４以上の多数で建物を取り壊し敷地を売却する）
建物の取壊し
（全員同意が必要）
取壊し決議
（被災マンション法11条）
（区分所有者および議決権の５分の４以上の多数で建物を取り壊す）
再建決議
（被災マンション法４条）
敷地売却決議
（被災マンション法５条）
（注）大規模一部滅失；違物の価格の２分の１超に相当する部分が滅失した場合をいう

図７　被災度区分所有建物の再検討に関する特別措置法（被災マンション法）の概要

出典：法務省ホームページ　https://www.moj.go.jp/content/001205233.pdf
https://www.moj.go.jp/MINJI/minji07_00195.html

	建物・家財
全損	地震保険の保険金額の100％（時価額が限度）
大半損	地震保険の保険金額の60％（時価額の60％が限度）
小半損	地震保険の保険金額の30％（時価額の30％が限度）
一部損	地震保険の保険金額の５％（時価額の５％が限度）

図８　建物・家財の保険金の支払い（地震保険制度の概要）

出典：財務省ホームページ
https://www.mof.go.jp/policy/financial_system/earthquake_insurance/jisin.htm#4

況を調査することにより、その被災の程度を区分するとともに、地震動の強さなどを考慮し、復旧工事の必要性の有無やその程度を判定します。判定内容は「軽微」「小破」「中破」「大破」「倒壊（滅失）」に分類されます。

(5) 復旧復興の方針のための調査と決議

復旧復興方針を管理組合総会で決議するための判断基準となるので、「補修（修復）」「小規模復旧」「大規模復旧」「建替え」に分かれます。

「補修（修復）」と「小規模復旧」は管理組合総会の普通決議、「大規模復旧」は区分所有者数と議決権数の各4分の3以上、「建替え」は区分所有者数と議決権数の各5分の4以上の特別多数決で決定します。

⑹被災マンション法

被災マンション法は、地震などの大規模な災害で分譲マンションが倒壊するなどの重大な損害を受けた場合の特別の措置を定めた法律です。

被災マンション法は、政令で定める災害でマンションが全部滅失した場合に再建または土地を売却するとき、または大規模滅失した場合に建物を取り壊して土地を売却するときに適用されます。

大規模滅失でも復旧や建替えをするときは、小規模滅失や軽微な損傷の場合と同様に区分所有法が適用されます。

建物が全部滅失した場合は、管理組合も消滅し、土地は元の区分所有者の共有になります。管理組合総会でなく敷地共有者等集会において、議決権の5分の4以上の賛成で再建もしくは土地売却を決議することができます。

大規模滅失の場合は管理組合が存在していますから、総会で5分の4以上の賛成があれば建替えができます。

しかし、建物を取り壊して敷地を売却する場合は、政令が定められていれば被災マンション法が適用され、政令指定から1年以内に売却決議を行わなければなりません。

なお、2016年4月に発生した熊本地震では、被災マンション法による災害とする公布・施行がされたのは同年10月5日でした。

図7は政令が公布・施行される前後で必要な議決要件の違いを示したものです。

②地震保険

火災保険では、地震を原因とする火災による損害や、地震により延焼・拡大した損害は補償されません。こうした損害を補償するのが地震保険です。地震保険の対象は居住用の建物と家財だけで、補償額は火災保険の30％～50％の範囲で設定できますが、建物は5，000万円、家財は1，000万円が限度です。

地震保険は、保険の対象である建物または家財が全損、大半損、小半損、または一部損となったときに保険金が支払われます（**図8**）。

地震保険は、火災保険に付帯する方式での契約となりますから、火災保険への加入が前提となります。すでに火災保険を契約している場合は、契約期間の中途からでも地震保険に加入できます。

地震保険の保険料は、建物がマンション等の耐火構造か木造住宅等の非耐火構造によって違いがあります。また地震の危険が地域により異なるため、全国の都道府県を1等地から3等地に分けています。首都直下地震が懸念される東京都等の首都圏の都県（茨城県を含む）と、南海トラフ巨大地震が懸念される静岡、徳島、高知の3県はいずれも3等地とされています（**図9**）。

等地区分	都道府県
1等地	北海道、青森県、岩手県、秋田県、山形県、栃木県、群馬県、新潟県、富山県、石川県、福井県、長野県、岐阜県、滋賀県、京都府、兵庫県、奈良県、鳥取県、島根県、岡山県、広島県、山口県、福岡県、佐賀県、長崎県、熊本県、鹿児島県
2等地	福島県、宮城県、山梨県、香川県、大分県、宮崎県、沖縄県、愛知県、三重県、大阪府、和歌山県、愛媛県
3等地	茨城県、埼玉県、徳島県、高知県、千葉県、東京都、神奈川県、静岡県

図9　都道府県ごとの地震保険の等地区分（2014年7月改正以降）
https://www.mof.go.jp/about_mof/councils/jishin_kenkyukai/proceedings/material_0124_03.pdf

保険料の割引制度として、「建築年割引」「耐震等級割引」「免震建築物割引」「耐震診断割引」の4種類が設けられており、建築年または耐震性能により、居住用建物および家財に対し10％～50％の割引が適用されます。

割引条件は以下の通りです。

- 建築年割引は、昭和56年6月1日以降に新築された建物である場合。
- 耐震等級割引は、住宅性能表示基準に定められた耐震等級または国土交通省の定める耐震等級（構造躯体の倒壊等防止）の評価指針に定められた耐震等級を有している場合。
- 耐震診断割引は、地方公共団体等による耐震診断または耐震改修の結果、耐震基準を満たす場合。
- 免震建築物割引は、「住宅の品質確保の促進等に関する法律」に基づく「免震建築物」である場合。

地震保険は、地震等による被災

者の生活の安定に寄与することを目的として、民間保険会社が負う地震保険責任の一定額以上の巨額な地震損害を、政府が再保険することにより成り立っています。

③「防災特別会計」の設定を考える

管理組合の特別会計としては、修繕積立金特別会計の他にも駐車場収入特別会計等があります。災害発生時には修繕積立金を取り崩すことができますが、特別会計が想定していない金額が必要になる可能性もあります。

また、災害対策は長期的な視点で資金を積み立て、建物・設備の補強や資機材の備蓄等を計画的に行う必要があります。管理組合員の賛同が得られれば、一般会計や修繕積立金特別会計等からの繰り入れの他に、期限を定めて防災積立金を徴収し防災特別会計として運用することも考えられます。

防災積立金を徴収し特別会計を設けることで、区分所有者の防災意識の向上と災害対策の計画的実施、被災した場合の復旧・復興等の資金を用意することができます。

6. 地区防災計画とマンションライフ継続計画（MLCP）

①公助力を引き出す マンションの自助・共助

大規模な災害が発生したとき、発災当初は公的支援が遅れることが予想されるため、マンションの管理組合や居住者は自立対応のための用意をする必要があります。しかし、これは公助が不要という意味ではありません。堅固な建物が命を守るシェルターとしての役割を果たしたとしても、負傷者や体調不良の人への救助、高齢者等の災害弱者の福祉避難所への搬送、エレベーターに閉じ込められた人の救出等、一刻も早く公助の手が必要なことは数多くあります。マンションが自立対応をすることの条件の一つには、日頃から区・市役所や消防等と連絡を取り合い、お互いの事情を理解し、地域社会の一員としての役割を果たすことも含みます。行政等にマンションの抱える課題等を認識してもらうとともに、管理組合や居住者も地域の公助力等の実態を理解しておくことが必要です。

区・市役所が小中学校等に設置する避難所は、地域の人たちの避難を受け入れるだけでなく、被災時の情報センターや支援物資の集積所としての役割も担うのが普通です。マンションの居住者の多くが在宅避難をする場合には、○○マンションの居住者が○人在宅避難をしていることを避難所に届け出て、いざというときの支援が受けられるようにするとともに、各種の情報や支援物資が確実に入手できるようにする必要もあります。

また、公設の避難所は町内会や自治会が開設や運営に協力するのが普通です。町内会や自治会等の活動に日頃から協力をして交流を深めることは、災害時に避難所の支援を受ける上で役に立ちます

マンションにとっての自助・共助・公助には、災害発生時の混乱した状況の中で多くの公助を引き

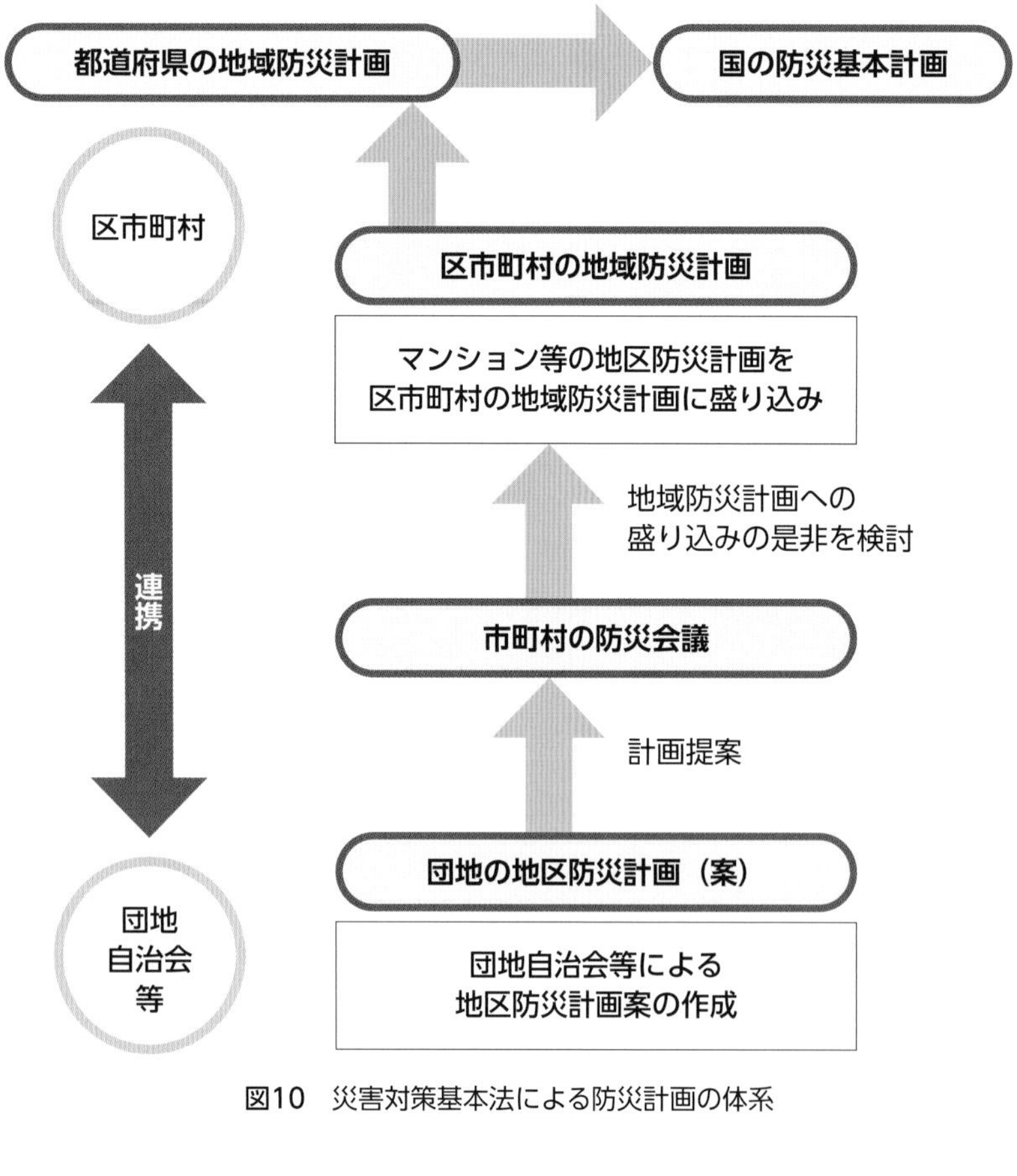

図10　災害対策基本法による防災計画の体系

出す前提として、できるだけ自助と共助により努力をするという意味が含まれています。マンションの居住者が在宅避難をするときに、必要な公助力を引き出すためにも情報発信をすることが重要です。自助と共助による災害対応を推進し、共助力を引き出すためには、災害発生時の行動等をまとめたマニュアル類だけでなく、平時の備えから復旧復興まで、計画的に取り組むための防災計画を作る必要があります。

東日本大震災の後、災害対策基本法が改正された際に新たに創設された地区防災計画は、地域の一定のまとまりのある地区等の発意で、その地区の防災計画案を作成し、区市町村の防災会議の審議を受けて、法律上の防災計画とするものです（**図10**）。マンション単位で地区防災計画を策定した例もあります。地区防災計画を策定することで、マンションの管理計画や防災組織と区市町村役所や消防等との相互理解が進み、連携が深化します。マンションの災害対応を計画的に進めるため、地区防災計画の策定を検討されてはいかがでしょうか。

② 総合防災計画としてのMLCP

MLCPとはMansion Life Continuity Planの頭文字で、企業等が作成している事業継続計画（BCP）のマンション版です。

大災害が発生したとき、マンション区分所有者・居住者が共同行動を取ることでお互いに助け合い、被害の拡大を防ぐとともに、復旧・復興をスムーズに進めることを目標に作成します。地区防災計画と似たようなところもありますが、MLCPはマンション内の手続きで策定することができます。

マンションには、それぞれ特性があります。災害発生時に実際に使えるMLCPとするためには、各マンションの実情に合わせて作成することが重要です。

⑴ 計画策定時の検討内容

1）自分たちのマンションにとって災害によるリスクはどのようなものか
- 地震については、現行の耐震基準に適合しているか
- 水害については、浸水の深さや湛水時間等

2）災害発生時でも確保したい生活のレベル
- 停電をしても確保したい照明、稼働させたい設備機器は何か

3）居住者の自助と共助の方法や仕組み
- 在宅避難を基本とした備蓄や災害弱者の支援等

4）防災・減災のための組織作りと運用方法
- 自主防災組織の編成、区分所有者・居住者の役割分担、中高生の活用等

5）建物・設備の改善方法
- 建物の脆弱な部分の改修、浸水を防ぐ止水板等の設置、非常用発電機の設置・増強、災害用井戸の掘削等

6）必要な資金の確保や捻出方法
- 防災特別会計や防災積立金等の制度化

7）実際に災害が起きたときに役立つ訓練の実施
- 停電で照明が極端に不足しエレベーターが使用できない状況での連絡手段、負傷者の救出等

⑵ MLCPに含まれる内容

1）発災時、応急復旧時、復興時等の段階に応じた対応策を検討する
2）発災後の生活継続について、生活水準とコストを考慮した選択肢を作る
3）発災前に準備を進める（建物・設備の改修、規定類の整備、資機材の備蓄等）
4）役員等の不在時の意思決定方法、役割分担を決めておく
5）情報連絡を維持する方法を具体的に決めておく
6）高層階への対策を具体的に考える（揺れ、エレベーター停止等の対策）
7）集会室等の共用施設の使用方法
8）発災後の応急措置、警備等
9）破損箇所の調査等
10）復旧復興の手順

災害発生時にはマンションは好むと好まざるとにかかわらず、管理組合を中心に、行政や地域と連携して対応することが必要になるはずです。地区防災計画や具体的な行動計画であるMLCPを作成し、その内容を区分所有者・居住者が共有することで被害を軽減し、速やかな復旧・復興を進めることができます。

積算資料 ポケット版 シリーズ

新築住宅の工種別工事単価

積算資料 ポケット版 住宅建築編 2021

■年1冊(4月)発刊

建築工事研究会 編

■A5判 740頁

■定価 2,934円(本体2,667円+税)

年間購読料(税込、送料サービス) 2,640円

新築住宅の工事費や材料費を工種別に掲載。特集の『改正建築物省エネ法の説明義務制度について』では、4月より施行される説明義務制度を解説。モデル住宅法の試算と標準計算ルート、簡単計算ルートとの比較も掲載。設計・見積り実例では「東京ゼロエミ住宅」「長野県環境配慮型住宅」など3事例を施工時のポイント、詳細な仕様と見積書を交えて紹介。

共用部分修繕の工事単価

積算資料 ポケット版 マンション修繕編 2021/2022

■2021年10月発刊

建築工事研究会 編

■A5判 364頁

■定価 2,934円(本体2,667円+税)

マンション共用部分修繕に関する工事単価について、長期修繕計画標準様式の修繕工事項目に基づき掲載。特集は「長期修繕計画作成ガイドライン・同コメント」及び「マンションの修繕積立金に関するガイドライン」の改訂概要について紹介。見積り実例では、大規模修繕、給排水設備、連結送水管更新の合計3事例を掲載。

積算資料 ポケット版 マンション修繕編別冊

マンション改修モデル事例集Ⅱ

経済調査会 編集

■A4判変型 128頁

■定価 1,210円(本体1,100円+税)

高経年マンションを再生させるための“改修”について検討を行っている管理組合向けに、進め方とポイントをこれまでに実施された事例を交えてわかりやすく紹介

積算資料 ポケット版 マンション修繕編別冊

マンション建替えモデル事例集Ⅱ

経済調査会 編集

■A4判変型 132頁

■定価 1,210円(本体1,100円+税)

高経年マンションを再生させるための“建替え”を検討中の方々へ、成功に導くための進め方とポイントをこれまでに実施された事例を交えてわかりやすく紹介

積算資料 ポケット版 マンション修繕編別冊

マンション給排水モデル事例集

経済調査会 編集

■A4判変型 128頁

■定価 1,210円(本体1,100円+税)

マンションを長持ちさせるための給排水設備の改修方法について、これまで実施された事例を交えてわかりやすく紹介

● お申し込み・お問い合わせは ●

経済調査会出版物管理事務代行
KSC・ジャパン(株) 0120-217-106 FAX 03-6868-0901

詳細・無料体験版・ご購入はこちら! BookけんせつPlaza 検索

改修事例

CASE 1

グランコピエ鎌倉由比ガ浜

神奈川県鎌倉市

過酷な環境下に建つ建物の美観保持、資産価値向上のための修復工事

建物外観

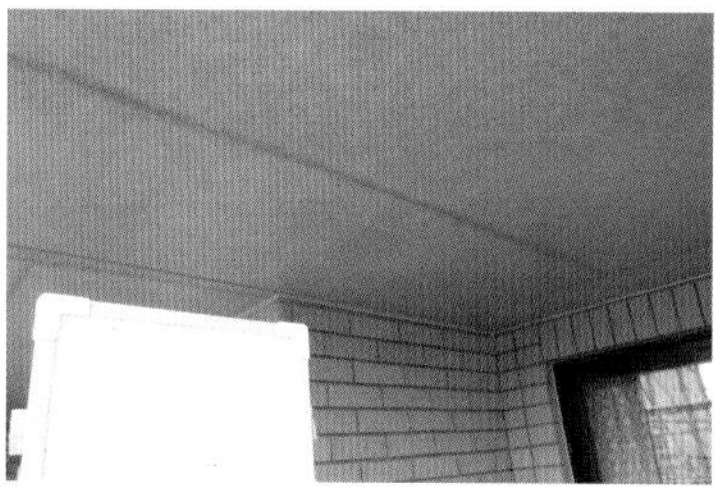
上裏（塗料施工後）

上裏（塗料施工前）

グランコピエ鎌倉由比ガ浜は、鎌倉市由比ヶ浜の海岸沿いに建てられた、コンクリート打ち放し面が多くある1998年竣工の集合住宅です。今回が第2回目の大規模修繕工事となり、前回に続き㈱アール・エヌ・ゴトーが施工を担当しました。

塩害の影響を大きく受ける厳しい立地条件の中、今回の工事では鉄筋の腐食によってコンクリートが押し出されるいわゆる「鉄筋爆裂」や、欠損などの不具合が多数発生しているコンクリート面の復元のほか、アルミサッシ腐食部の延命処置等の補修が行われ、外観も重要視しつつ資産価値の維持向上を図ることを目的としました。

前回の工事では、上裏（天井面）を除く全ての壁面はコンクリート保護のためにコンクリート打ち放し調の透明型水性特殊塗料によって施工を行い、約10年の経過観察で塩害に対するコンクリート保護の効果が確認されました。

これに対して、前回この施工を行わなかった上裏は多数の鉄筋爆裂が発生していたほか、今回実施したコンクリートの中性化測定によって、壁面が平均10㎜中性化しているのに対して上裏は平均29㎜中性化しているという結果が確認され、今回は上裏も含めたコンクリート打ち放し面全面に透明型水性特殊塗料を施工しました。

コンクリート打ち放し面に多数発生している爆裂の原因として、床スラブ鉄筋のコンクリートかぶり厚を確保するために使用されている鋼製スペーサーが、塩害により腐食したことが挙げられます。また軒先の水切り目地では、目地底の鉄筋かぶり厚の不足から中性化が進行したため鉄筋が腐食し、

[物件DATA]

工事費用
4,818万円（税抜）
助成金等金額
なし
竣工年
1998年
改修年月
2021年3月～7月
改修実施時の経年
23年
構造・規模
RC造 地上3階・地下1階建て
総戸数
33戸
設計監理者
㈱ジャパン・ドラフティング
施工者
㈱アール・エヌ・ゴトー

コンクリート塗装

中性化測定でのコア抜き

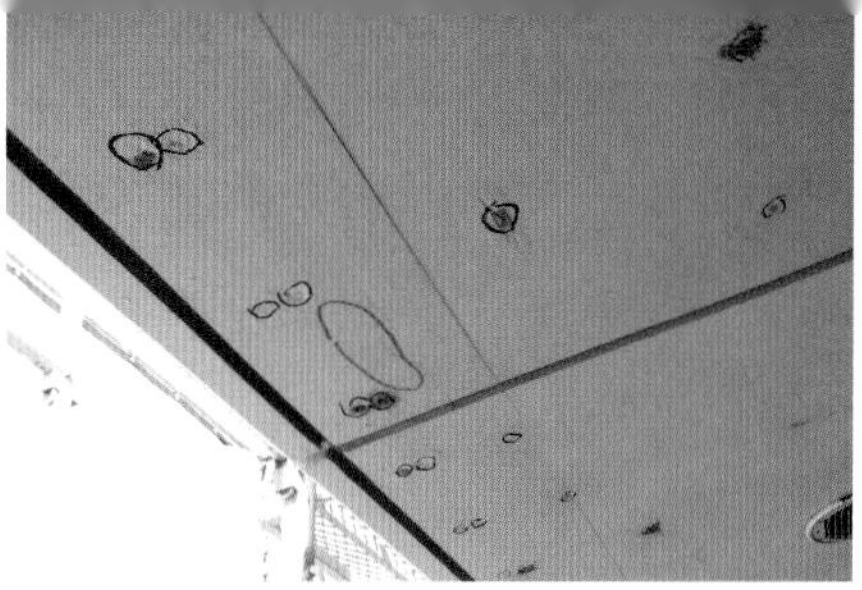

スペーサーによる爆裂（丸の箇所）

爆裂が生じた軒先のはつり

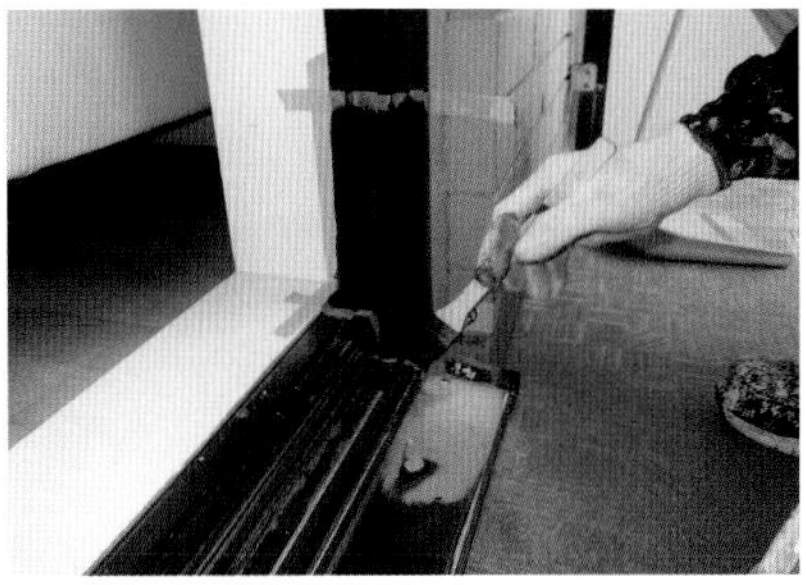

アルミサッシ（シリコーン樹脂塗装後）

アルミサッシ（施工前）

目地底全体にひび割れが生じていました。このほか、軒先見付面の広範囲にわたる鉄筋爆裂、コンクリートの欠損、建物側の上裏では目地に沿って鉄筋爆裂によるコンクリートの浮きが生じていました。

各部の補修方法としては、鋼製スペーサー部ではスペーサーを削り出して切断した後リバンプ工法（亜硝酸リチウム併用断面修復工法）による埋め戻しを行い、水切り目地部ではリバンプ工法によるコンクリート補修後、水切り機能を極力低下させないようシーリング材を打ち込み、目地底のかぶり厚不足による鉄筋爆裂を抑えるよう施工しました。

また今回、アルミサッシの腐食部に対しては延命処置として部分補修を施しました。腐食部を除去し、欠損部をパテ成形の上、一般的な塗料ではなくコーティング機能を持つ高耐候・高耐久の１００％シリコーン樹脂塗料で塗装補修を行いました。

本工事は発注者である管理組合のリーダーシップのほか、着工前からの管理組合、設計監理者、施工者による密な協議や、試験施工の実施により円滑に工事を進めることができ、騒音振動を伴う工事が多い中、各居住者の理解と協力により工事を無事完了できました。

設計監理者より

今回の大規模修繕工事は、塩害の影響が顕著な海岸に面する外壁とバルコニーの上裏（天井面）を中心として、大小多数の鉄筋爆裂の補修を重点的に行い、耐久性も確保しながらコンクリート打ち放しの意匠を復元することができました。

また、アルミサッシ腐食部の塩害対策として高耐候のシリコーン樹脂塗装を施すことにより、サッシの耐久性を確保しました。

限られた費用で効果的な工事を実現することを目標として管理組合様、施工者、設計監理者が目的意識を共有し、一致協力しながら工事の準備を進めてきたことにより、意匠性、機能性を確保した高品質な工事が実現できたと思います。

㈱ジャパン・ドラフティング

お問い合わせ

株式会社アール・エヌ・ゴトー
営業部

〒211-0043 神奈川県川崎市中原区新城中町16-10
☎044-777-5158
https://www.rngoto.com/

CASE 2

大規模 耐震 省エネ 設備

長期耐用を目指しつつ、美観を維持する長寿命化工事

ブリリア代官山プレステージ

東京都渋谷区

外観

ブリリア代官山プレステージは、2007年竣工、戸数は128戸。分譲と賃貸住宅があり、分譲住宅のハイグレードタイプではエレベーターを別にするマンションです。竣工後6年目に長期修繕計画の見直しを図っていますが、建築的な複雑さと、設備的なグレードの高さから、この建物の将来の管理を憂慮した管理組合の意識の高さと先見性がうかがえます。長期修繕計画の見直し後も、劣化や不具合状況の確認を継続して設計事務所に依頼しており、今回、築13年目で大規模修繕工事に至りました。設計事務所が関ることで、適切な時期に計画修繕した好例です。

本マンションは、デザイン監修にアトリエ系設計事務所が参画し、建物の形・色合い・材質等には一貫したデザインがありました。建物はピラミッド状に四方からセットバックし、中間階から上にはウッドデッキ張りのルーフバルコニーと屋上が各階にあり、足場架設や工程上の工夫がポイントとなりました。

改修仕様では、押え層のある屋根防水の補修はその耐用性から見送られ、既存部位の長期耐用を目指すとともに、次回の大規模修繕工事を先送りするような検討がなされました。また、外壁に使用されていたタイルは大型で白色の150角でした。色合い・寸法は数度の試し焼きの結果既存タイルと違和感なく仕上がりましたが、タイルが大きいことから、寸法の許容誤差が45二丁タイル等とは違い、1・5㎜とわずかながらも小さいことが分かったものの、大きな支障はなく納まりました。

エントランスホールやラウンジ

[物件DATA]

竣工年	2007年
改修年月	2020年2月～7月
改修実施時の経年	13年
構造・規模	RC造（一部SRC造） 地上10階、地下2階建て
総戸数	128戸（分譲61戸）
設計監理者	㈲プラナーク設計 一級建築士事務所
施工者	㈱リニューアルウィングス

ルーフバルコニーデッキ施工：足場解体、屋根補修、デッキ材荷揚げ。広いルーフバルコニーには屋外家具やプランターが多くあり、配慮が必要だった。

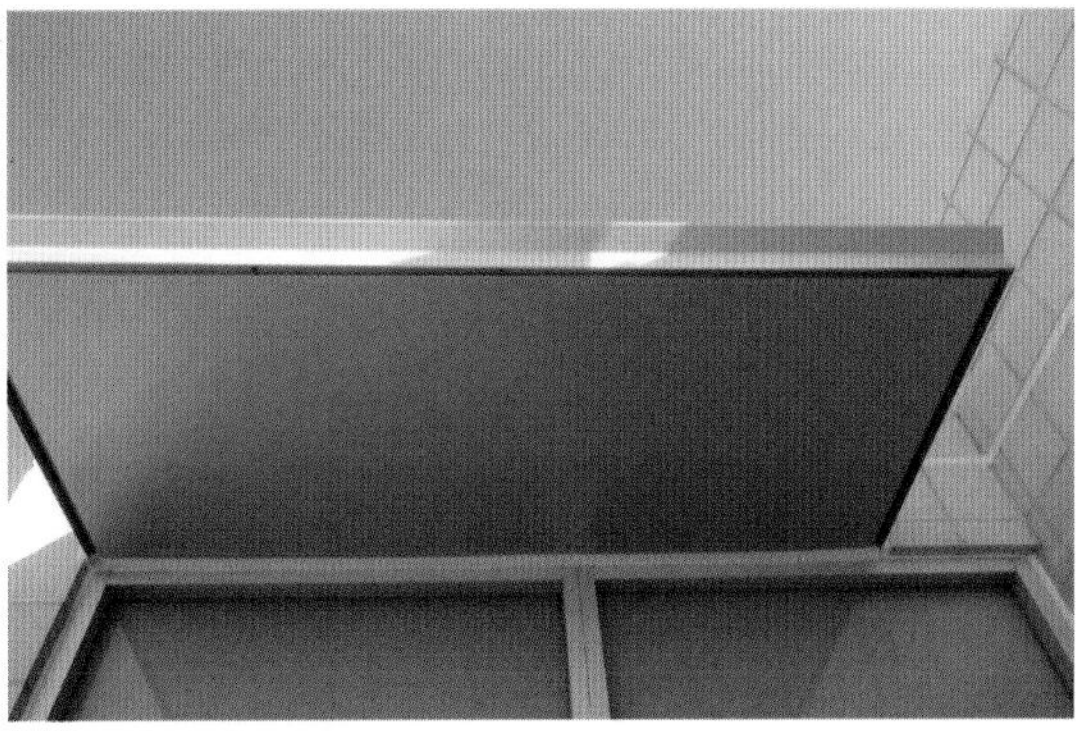

小ひさし①：廊下から屋上への管理用出入り口へ設置

小ひさし②：階段室と廊下への雨の吹き込み防止

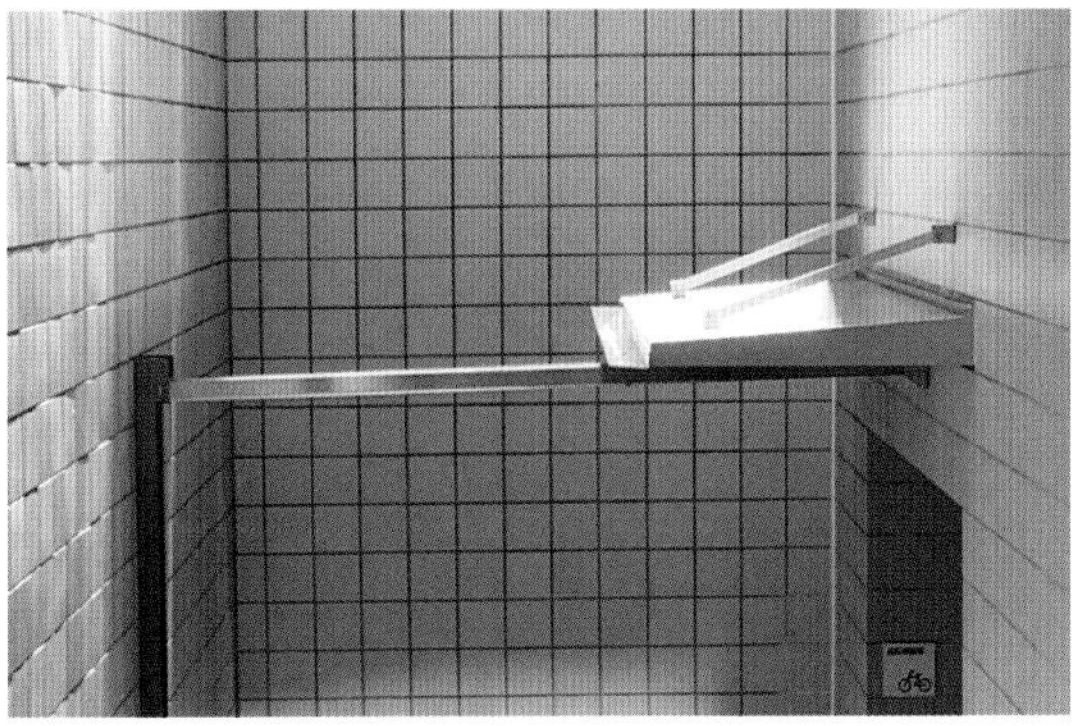

小ひさし③：自転車置き場エントランス・ポーチの水溜まり防止

新旧タイル：新タイルの寸法が約1.5㎜小さいが許容の範囲だった

の壁は傷が付きやすい左官仕上げですが、分譲マンションではすぐに補修する結論にはなりにくいことや、出隅に木製のコーナー保護を付ける提案も受け入れが難しく、結局同じ仕上げ材を使用するなど、仕上げ材の選択は難しいものでした。また、一部の照明や空調は特注品を使用していたほか、納まりも特殊だったことから、1回目の大規模修繕工事にもかかわらず設備・電気の改修工事を行うこととなり、工事会社としての総合力が問われる施工でした。

設計監理者より

設計意図が明確に感じられる建物は、築年数にかかわらず修繕・改修に際してリスペクトすべきです。しかし、住宅は住みながらつくっていくことで長きにわたる居住が可能となる性格です。少しずつでも手を入れていくことで長期の耐用が可能となります。

今回の修繕では、雨の吹き込む水溜まりや鉄部の腐食防止のため3カ所に小ひさしを付けました。当初の設計デザインを壊さないことが大きなポイントでしたが、すでに7年目修繕時にも3カ所に小ひさしを付けており、そのデザインの流れにもかなう必要がありました。ひさしを付加することでマッシブな既存建物を引き立て、かつその部位の劣化を抑える、という2つの意味を持たせることは改修ならではです。想定した機能と形が実現できたときはほっとします。改修設計の楽しみと工夫は細やかとはいえその意味は大きく、こだわりを持って改修を提案することで建物の陳腐化を防ぎ、美観を維持することができます。

(有)プラナーク設計 一級建築士事務所

近藤一郎

お問い合わせ

株式会社リニューアルウィングス
営業部
〒130-0026 東京都墨田区両国1-15-9
☎03-5638-0610
https://www.renewalwings.co.jp

大規模　耐震　省エネ　設備

CASE 3

外付けフレーム補強等による耐震改修事例

シャンボール高井戸

東京都杉並区

工事完了後の建物外観

シャンボール高井戸は、環状八号線と五日市街道といった交通の要所に位置します。本マンションでの耐震補強への道のりは、2011年の杉並区アドバイザー派遣・簡易耐震診断から始まり、耐震診断後、途中大規模修繕などを挟み、2017年から耐震補強計画・設計、2020年7月に工事着工し、2021年1月に工事完了と長きにわたったものでした。耐震化を諦めずに取り組んだ、管理組合皆さんの思いの詰まったマンションです。

本マンションは、6階までが鉄骨鉄筋コンクリート造、それ以上の階が鉄筋コンクリート造で、構造体が切り替わる6階・7階に弱点があったため、その部分に外付けフレーム補強を行いました。この工事では、8戸のバルコニーを一時解体してフレームを設置しました。また、1階の管理員室内と、ピロティ形式の駐車場に耐震壁を新設し、はね出しバルコニー梁の補強を行いました。さらに、建物の粘り強さの向上を図るために、耐震スリットを6階～9階に、92カ所設けています。

耐震以外の工事で特筆すべきことは、全体工事費の20％が電気・設備工事金額ということです。まれに見る設備・電気工事請負金額であり、今回それだけ対象の付帯工事が重要事項であったといえます。また、隣地に自動車販売店があることからも、いつも以上に粉塵対策には注意を要する工事となりました。

耐震診断直後に提示された案がブレース案で不評だったことから、それ以外の方法を設計者が模索し、3案を提示した結果、コストが最も安く、住戸窓からの眺望

[物件DATA]

工事費用
1億3,403万円（税抜）
助成金等金額
1億1,943万円
竣工年
1974年
改修年月
2020年7月～2021年1月
改修実施時の経年
46年
構造・規模
SRC造9階建て（塔屋2階）
総戸数
96戸（内店舗４戸）
設計監理者
構造：㈱ティ・アンド・エイ アソシエイツ 建築：坪内一級建築士事務所 設備：㈱ジェス診断設計
施工者
建装工業㈱

はね出しバルコニー梁への補強施工状況

外付けフレーム施工状況

駐車場部の耐震壁新設部に対する区の中間検査状況

管理員室内壁の増し打ち施工状況

耐震スリット施工状況

奥の模型：当時の理事長が作った段ボールの模型

を阻害しない外付けフレーム案で実施設計を進めることになりました。しかし、窓の直上に梁がくることについて室内の暗さ・日当たりを心配する声があったため、当時の理事長が段ボールで梁の模型を作って、該当住戸に入って説明をし、合意形成を図ったという経緯がありました。

施工を行った建装工業の担当者は、「紹介しきれないこのような数多くのドラマがあったからこそ、縁あってわれわれが工事をさせていただいたのだと思います」と話していました。

設計者より

東京都が特定緊急輸送道路沿道建築物の耐震化支援のために、建築士派遣・耐震改修計画案作成業務を協定団体に委託する事業が行われ、その団体の1つであるNPO耐震総合安全機構から派遣されたことがきっかけで、耐震改修計画・耐震補強設計・工事監理に携わることになりました。

1階南北方向の耐震性を向上させる必要がありましたが、店舗、飲食店、学習塾等に使われており、営業に支障のない箇所でどのように補強できるか検討を重ねました。その結果、建物の外周（店舗周り）ではなく、管理室・管理員住戸の中に耐震壁を横断する方法を採用しました。そのため、両室の間仕切りや内装を全部解体し、間取りも大幅に変えています。

管理室にあった共用分電盤・警報盤類・マンション内インターネット回線設備を取り外し、仮置き場に移設し、使用しながら解体・耐震補強工事・内装改修を行い、盤類は新しいものに更新して新管理室に取り付けました。この間6カ月、管理員さまには近隣に仮住まいをお願いし、また居住者の皆さまには3回の停電にもご協力いただきました。ちょうどコロナ禍で大変な時期の工事でしたが、皆さまのご協力で無事工事が終了したことをうれしく思います。

坪内一級建築士事務所
坪内真紀

お問い合わせ

建装工業株式会社
首都圏マンションリニューアル事業部
〒105-0003 東京都港区西新橋3-11-1
☎03-3433-0503
https://www.kenso.co.jp/

KENSO Magazine
毎週月曜日配信中

建装工業株式会社の取り組みのご紹介

わが社で取り組んできた水害対策事例について

近年、マンションでは水害への備えが重視されています。記憶に新しい2019年10月の台風19号による被害は、台風としては初めての特定非常災害が適用されるなど大きな被害をもたらしました。

台風に限らず、ここ数年はゲリラ豪雨の影響などもあり、水害への対処が求められています。特に浸水による電源の喪失は深刻な問題を引き起こすことがクローズアップされました。こうした事態を受け、2019年6月、国土交通省・経済産業省においても「建築物における電気設備の浸水対策ガイドライン」を取りまとめました。

水害対策にはさまざまなものがありますが、ここでは私たちが実際に行った比較的容易に取り組むことができる水害対策の事例についてご紹介します。

写真は、特定エリアに水の浸入を防ぐ「止水板の設置」「防水扉工事」、換気口等からの水の浸水を防ぐ「通気用ダクト伸長工事」「ガラリ対策工事」の施工例です。

私たちは、これからも水害に強いマンション作りを推進してまいります。

水害により冠水した道路と土地(茨城県)

止水板の設置

地下駐車場入り口への設置例(川崎市中部エリア)

エレベーター前への設置例(仙台市)

マンションと外部通用口への設置例(東京都)

エントランス入り口への防水シートの設置:格納型でセットも容易な止水対策(東京都)

地下駐輪場入り口への設置例(東京都)

ガラリ対策工事（横浜海岸エリア）

浸水深以下のガラリをふさぐ

施行前

施行後

浸水深以下のガラリ伸長

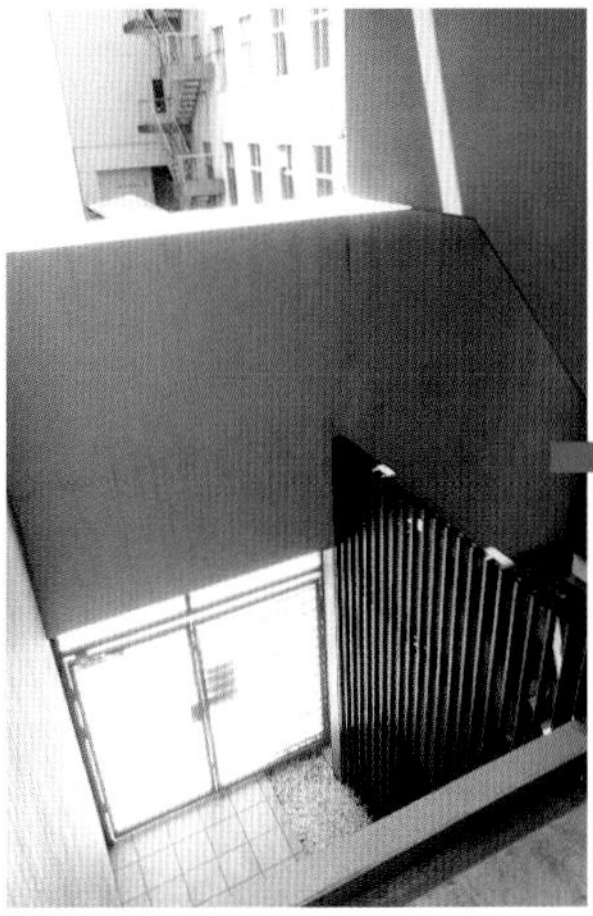

施行前

施行後

防水扉工事（横浜海岸エリア）

施工前
（壁・扉新設）

施工完了

施工前
（扉交換）

施工完了

通気用ダクト伸長工事（横浜海岸エリア）

施行前

施工完了

お問い合わせ

建装工業株式会社
首都圏マンションリニューアル事業部
〒105-0003 東京都港区西新橋3-11-1
☎03-3433-0503
https://www.kenso.co.jp/

KENSO Magazine
毎週月曜日配信中

CASE 4

外断熱と高反射塗料を組み合わせた屋上防水改修工事

多摩ニュータウン松が谷団地（A）テラス

—東京都八王子市—

外観（施工前）

荷揚げ

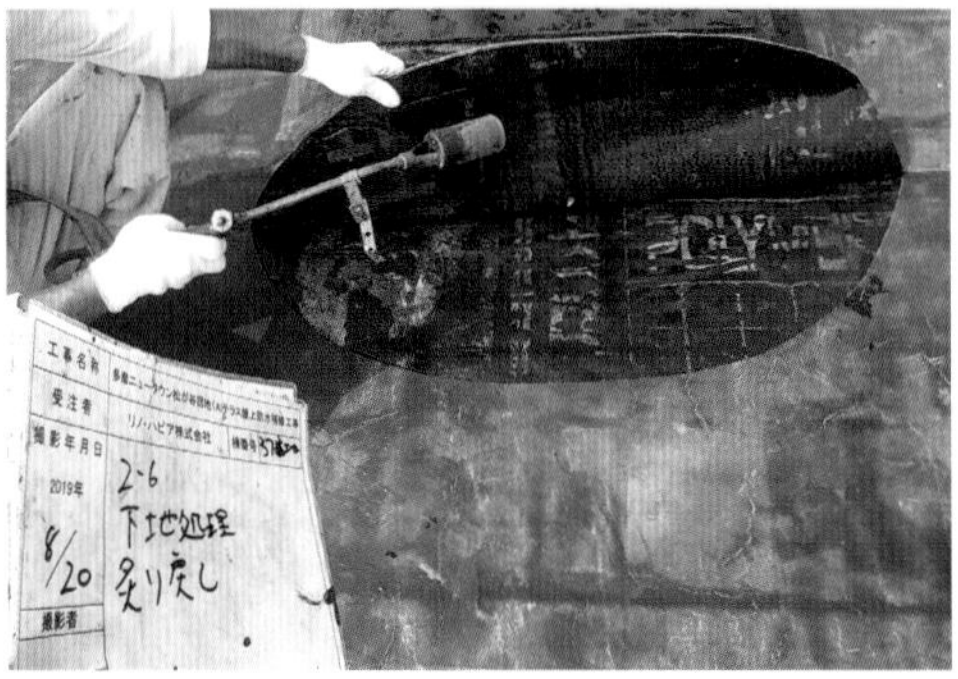

下地補修

本建物は、2階建てのテラスハウスのため、全住戸に屋根がかかっています。建設時はプレキャストコンクリート造ということでジョイント部分のみ線防水が施されていました。直天井でトップライトが付いていることもあり、夏場の2階の部屋は暑くて我慢できないほどでした。

2005年の大規模修繕工事のときに外壁塗料には無機フッ素塗料、外壁パネルのジョイント部のシール材にはポリイソブチレン系を使用するなど、耐久性などの向上を目指した材料が採用されました。屋上防水においても、日差し部分の雨筋汚れを解消するためのアルミ笠木を設けたり、防水材の耐久性向上と2階の部屋の日射対策として、防水材の上には遮熱塗装を施すことにしました。

当時、遮熱塗料が一般的ではなかったため、輸入材の遮熱塗料を塗布

［ 物件DATA ］

工事費用
1億2,398万円（税抜）
竣工年
1978年
改修年月
2019年6月～10月
改修実施時の経年
41年
構造・規模
RC造2階建て24棟
総戸数
118戸
設計監理者
㈱小野富雄建築設計室
施工者
リノ・ハピア㈱

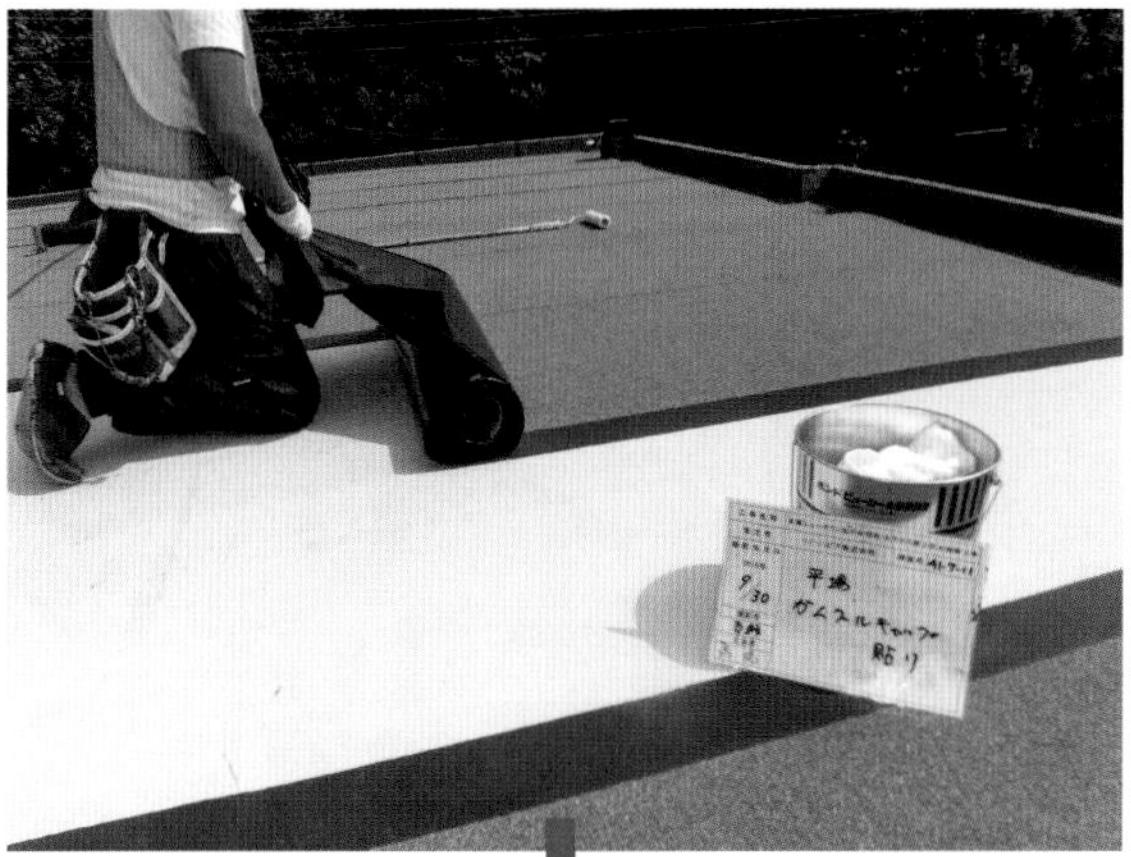

施工中

施工前

施工後

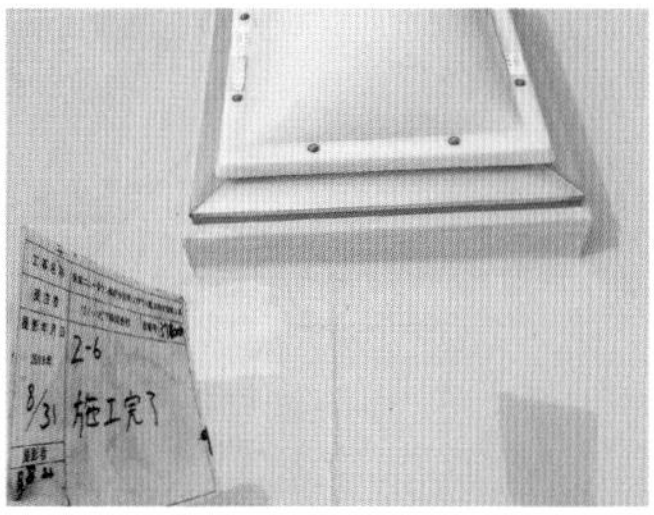

する工法を採用しました。この工法の効果があり、以前のような暑さは解消されましたが、近年、経年により遮熱塗料の劣化も目立ち始め、遮熱効果が薄れ、防水材への影響も出てきたことから、全面改修工事を行うこととしました。

前回の改修で防水材の上に施した遮熱塗料を施したことで、日射による防水材の伸縮を抑制する効果があることが確認されたため、改修に際しては、外断熱と高遮熱塗料の組み合わせを採用することにしました。

昨年は天候不順だったこともあり、工事期間中突然の豪雨に見舞われ、ストックしていた防水材が使用できなくなり、急遽取り換えるといったこともありましたが、多少の工期延長で全ての工事を終えることができました。

今回の工事内容は、テラスハウスという住戸形式のため組合員全員の居住環境に関係することでもあり、特に問題なく承認されました。工事の結果、冬場の断熱性の効果は確認されましたが、夏場の効果も期待しているところです。15年前に採用した無機フッ素塗料は今でも光沢が変わらない状態です。

設計監理者より

前回の改修工事の設計監理に関わって以降、継続的に理事会から建物に関しての相談を受けるようになりました。遮熱塗料の付着については工事後も確認していましたので、今回の材料選定は迷うことはありませんでした。ただ「年々夏場の暑さが厳しくなること」や「テラスハウスということで、外部に面するコンクリート面が一般のマンションに比べて多くなること」から、コンクリートの輻射熱を抑えるため、屋根だけでも外断熱工法を採用することとし、防水材の上に高遮熱塗料の付着を施すことにしました。

小野富雄建築設計室　**中島智弘**

お問い合わせ

リノ・ハピア株式会社
営業部
〒145-0062 東京都大田区北千束3-1-3
☎03-3748-4021
http://reno-happia.co.jp/

CASE 5

大規模 耐震 省エネ 設備

高さ100m超のタワーマンションでの排水管ライニング

鴨川グランドタワー

千葉県鴨川市

建物外観

鴨川グランドタワーは、コンドミニアムホテルが併設されたリゾート地域特有のマンションで、南房総唯一の33階建てタワーマンションです。高さが100mを超えるこの超高層物件の排水管ライニングは、最大立て管4系統から成る複雑な設備状況の把握、事前の施工計画、そしてホテル側との綿密な打ち合わせ等が施工の重要なポイントとなりました。

施工を行った㈱タイコーでは通常、強力な吸引気流を用いた配管内研磨・塗布を行っていますが、今回は100m超の配管に確実な施工を行うために、中間階である15階で配管を切り分けることで区画分けをし、また屋外には施工の動力となる大型吸引車を常時3台稼働させ、十分な吸引力を確保することで超高層配管へのライニングを可能としました。

管内へ塗布した塗料には、同社の工法の大きな特長の一つである「抗菌性エポキシ樹脂」を採用しています。抗菌材を配合させることで、配管内の雑菌の繁殖や汚れの付着、粘り・ぬめり、臭いの発生を抑制し、衛生的な配管を長く維持することできます。施工後は高圧洗浄等の特別な配管メンテナンスがいらないため、洗浄実施の際の在宅協力の呼び掛けも不要となり、またホテル運営もスムーズに行えることで評価を得ました。

今回の施工により、金属配管の腐食抑制と施工後のメンテナンスの削減・軽減が図られ、リゾートマンションにも価値のあるリニューアルが行えました。

[物件DATA]

工事費用
1億6,800万円（税抜）
助成金等金額
なし
竣工年
1992年
改修年月
2020年9月～12月
改修実施時の経年
28年
構造・規模
RC造33階建て 1棟
総戸数
226戸
施工者
㈱タイコー

仮設吸引接続

大型吸引車

研磨作業

お問い合わせ

株式会社タイコー

〒273-0005 千葉県船橋市本町7-27-15
☎047-421-1077
https://taikoh-e.com/

仮設吸引管

エポキシ樹脂の
塗布作業

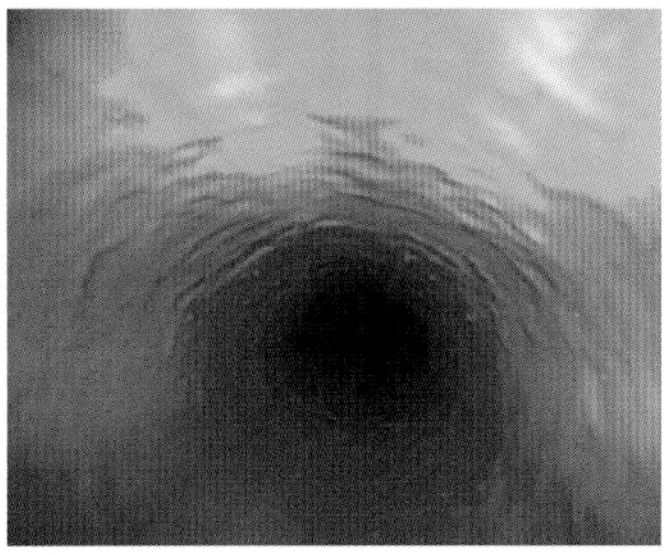

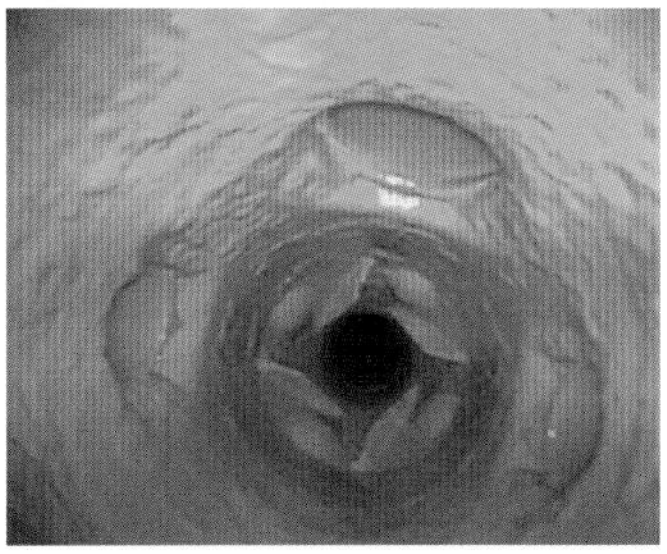

エポキシ樹脂
塗布後の管内

積算資料 ポケット版 マンション修繕編〈別冊〉

マンション改修モデル事例集 Ⅲ

2021年11月10日 初版発行

編集発行
一般財団法人 経済調査会
〒105-0004 東京都港区新橋6-17-15 菱進御成門ビル

印刷・製本・誌面デザイン 株式会社ローヤル企画

ISBN978-4-86374-301-4

●**書籍購入に関するお問い合わせ**
販売……0120-217-106 **FAX** 03-6868-0901
（経済調査会出版物管理事務代行 KSC・ジャパン㈱）
書店……☎ 03-5777-8225 **FAX** 03-5777-8240

●**内容に関するお問い合わせ**
出版事業部 企画調査室……☎ 03-5777-8221 **FAX** 03-5777-8236

●**広告に関するお問い合わせ**
メディア事業部………………☎ 03-5777-8223 **FAX** 03-5777-8238

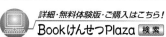